心理学

教養のトリセツ

現代を生きるために必要な基礎知識を
コンパクトに解説する知のハンドブック

日本大学文理学部心理学科教授
横田正夫 監修

日本文芸社

まえがき

横田正夫

『教養のトリセツ　心理学』とは、不思議な本のタイトルである。「トリセツ」は取扱い説明書のことである。つまりこの本は心理学の取扱い説明書ということになる。通常、取扱い説明書というと、パソコンの使用マニュアルなどを思い浮かべることができるが、そうした説明書は、なくてもそれほど困らない。というのも、パソコンなどは、多くの人がそれまでに触れたことがあるだろうし、大きく使用マニュアルが変更もされていないからである。

それに対し、ソフトをパソコンにインストールするような場面での操作マニュアルは、そのマニュアル通りに操作をしていかないと、そもそもソフトが動かないことになるので、マニュアルに沿った操作をするために、マニュアルを常に目の前に置いて参照することになる。こうしてみるとパソコンの使用マニュアルとソフトの操作マニュアルでは、同じ取扱い説明書としても、機能が異なっているようである。では、『教養のトリセツ　心理学』はどちらのマニュアルに近いのであろうか。

心のことはある程度、誰でもわきまえていると思っている。それと一般の関心も高い。

しかし、実際にはどうであろう。本書に目を通すとわかるが、「ヘーッ」と思うことや、「なるほどね」と思うことや、「知らなかった」と思うことが多いのではなかろうか。心は実は複雑なのである。

そして心は現実に適応してゆくために機能し、その大きな働きは会社や社会においてうまく自己を適応させてゆくことなのである。その意味で心は社会で役立つ知恵の宝庫である。

その一方で、心がうまく働きにくい状況が多いのも現代である。

そのためにどのようなことが起こるのかについての知識は、十分

に行き渡っているとは思えない。もちろん一般的には誰もが心をもち、それに気づいているのであるから、パソコンの使用と同様、『教養のトリセツ　心理学』がなくても何とかなるかもしれない。

　しかし、先に述べたように、心は実に複雑であり、その出会う現実社会もまた複雑であるので、心が適応するメカニズムについては、一般的に、広く知られているわけではないのであろうから、パソコンの使用マニュアルほどには、なくても困らないというものではないであろう。すなわち『教養のトリセツ　心理学』は手元にあった方が良い。

　では本書は操作マニュアルのように常に参照しながら使うべきものであろうか。それはどうも違うように思う。というのも心であるから、こうすればその通りに動くというものではないからである。では、役には立たないではないか、と思われる向きには、それでもマニュアルはあった方が、心についてずっとよく知ることができると言いたい。そもそも心の機能についてイチから学ぶのは大変である。ましてや心の不具合について理解を深めることには時間がかかる。それらについて簡便に参照すべきものがあれば、理解を深める手がかりが得られる。知っているのと知らないのとでは大きな違いである。そこに『教養のトリセツ　心理学』の意味がある。

　簡便な取扱い説明書であっても、本書はかなりのページを要している。簡便であってもそれほど心理学の領域が広いということである。心について深く知り、利用する『教養のトリセツ　心理学』としては、簡便であってもこれだけのものが必要なのである。とすると、『教養のトリセツ　心理学』は使用マニュアルと操作マニュアルの中間にあるようなものであり、できるだけマメに紐解いて、心の理解を深め、社会に適応することにつなげ、心の機能が不具合になった場合にも参照してみるべきものと言えよう。

目次

まえがき ……………………………………………………………003

第1章
いろいろな心理学

Chapter 1-1	心理学とは	018
Chapter 1-2	心理学の源流は哲学	020
Chapter 1-3	心理学の祖・ヴント	022
Chapter 1-4	第1の心理学 精神分析	024
Chapter 1-5	第2の心理学 行動主義心理学	026
Chapter 1-6	第3の心理学 人間性心理学	027
Chapter 1-7	基礎心理学 生理心理学	028
Chapter 1-8	基礎心理学 学習心理学	029
Chapter 1-9	基礎心理学 数理心理学	030
Chapter 1-10	基礎心理学 社会心理学	032
Chapter 1-11	基礎心理学 知覚心理学	033
Chapter 1-12	基礎心理学 人格心理学	034
Chapter 1-13	基礎心理学 認知心理学	035

Chapter 1-14	基礎心理学 **発達心理学**	036
Chapter 1-15	基礎心理学 **感情心理学**	038
Chapter 1-16	基礎心理学 **言語心理学**	039
Chapter 1-17	基礎心理学 **感覚心理学**	040
Chapter 1-18	基礎心理学 **生態心理学**	041
Chapter 1-19	基礎心理学 **計量心理学**	042
Chapter 1-20	応用心理学 **臨床心理学**	043
Chapter 1-21	応用心理学 **文化心理学**	044
Chapter 1-22	応用心理学 **障害者心理学**	045
Chapter 1-23	応用心理学 **環境心理学**	046
Chapter 1-24	応用心理学 **教育心理学**	047
Chapter 1-25	応用心理学 **産業心理学**	048
Chapter 1-26	応用心理学 **犯罪心理学**	049
Chapter 1-27	応用心理学 **学校心理学**	050
Chapter 1-28	応用心理学 **コミュニティ心理学**	051
Chapter 1-29	応用心理学 **法心理学**	052
Chapter 1-30	応用心理学 **災害心理学**	053
Chapter 1-31	応用心理学 **家族心理学**	054
Chapter 1-32	応用心理学 **健康心理学**	055
Chapter 1-33	応用心理学 **スポーツ心理学**	056
Chapter 1-34	応用心理学 **交通心理学**	057
Chapter 1-35	応用心理学 **宗教心理学**	058
Chapter 1-36	応用心理学 **芸術心理学**	059

Chapter 1-37	応用心理学 **自己心理学**	060
Chapter 1-38	応用心理学 **医療心理学**	061
Chapter 1-39	心理学のさらなる領域 **性心理学**	062
Chapter 1-40	心理学のさらなる領域 **政治心理学**	063
Chapter 1-41	心理学のさらなる領域 **経済心理学**	064
Chapter 1-42	心理学のさらなる領域 **空間心理学**	066
Chapter 1-43	心理学のさらなる領域 **軍事心理学**	067
Chapter 1-44	心理学のさらなる領域 **異常心理学**	068

人物紹介 ……070
（プラトン／アリストテレス／ルネ・デカルト／イマヌエル・カント／ゲオルク・ヴィルヘルム・フリードリヒ・ヘーゲル／フランシス・ベーコン／ジョン・ロック／ヴィルヘルム・ヴント）

第2章
心とからだ、脳の関係

Chapter 2-1	**感覚と知覚**	076
Chapter 2-2	**心と脳**	078
Chapter 2-3	**知覚の種類**	079
Chapter 2-4	**視覚**	080
Chapter 2-5	**聴覚**	081
Chapter 2-6	**触覚**	082
Chapter 2-7	**嗅覚**	083
Chapter 2-8	**味覚**	084

Chapter 2-9	末梢神経と中枢神経	085
Chapter 2-10	大脳皮質	086
Chapter 2-11	脳損傷と失語	088
Chapter 2-12	錯視	090
Chapter 2-13	感覚と順応	094
Chapter 2-14	アフォーダンス理論	095

人物紹介 ·· 096
(ジグムント・フロイト／カール・グスタフ・ユング／ジョン・ワトソン／アブラハム・ハロルド・マズロー／イワン・ペトローヴィチ・パブロフ／エドガー・ジョン・ルビン／ヘルマン・エビングハウス／ハインツ・コフート)

第3章
自分を知るためのヒント

Chapter 3-1	感情と情動	102
Chapter 3-2	感情の発生プロセス	103
Chapter 3-3	性格と人格	104
Chapter 3-4	性格の類型論・特性論	105
Chapter 3-5	クレッチマーとシェルドンの類型論	106
Chapter 3-6	ユングの類型論	108
Chapter 3-7	性格の特性論	110
Chapter 3-8	いろいろな性格テスト	112
Chapter 3-9	タイプAとタイプB	114
Chapter 3-10	知能検査のいろいろ	116

Chapter 3-11	**IQ（Intelligence Quotient）**	119
Chapter 3-12	**EQ（Emotional Intelligence Quotient）**	121
Chapter 3-13	**いろいろなコンプレックス**	122
Chapter 3-14	**劣等感と優越感**	126
Chapter 3-15	**ジョハリの窓**	128
Chapter 3-16	**アイデンティティ**	130
Chapter 3-17	**中年期のアイデンティティの危機**	132
Chapter 3-18	**高齢期のアイデンティティ**	134
Chapter 3-19	**死を受け入れる**	136

人物紹介 138
（エルンスト・クレッチマー／エミール・クレペリン／エリザベス・キューブラー=ロス／ハリー・スタック・サリヴァン／カレン・ホーナイ／エーリヒ・ゼーリヒマン・フロム／アルフレッド・ビネー／デイヴィッド・ウェクスラー）

第4章
相手を知るためのヒント

Chapter 4-1	**非言語的コミュニケーション**	144
Chapter 4-2	**錯誤行為**	146
Chapter 4-3	**嘘を見抜く**	147
Chapter 4-4	**表情でわかる深層心理**	148
Chapter 4-5	**見抜けない嘘**	149
Chapter 4-6	**人間の6種の欲求**	150
Chapter 4-7	**相手の自己顕示欲を知るヒント**	152

Chapter 4-8	「知性化」の裏側	153
Chapter 4-9	血液型でわかること?	154
Chapter 4-10	兄弟と性格	156
Chapter 4-11	夢分析からわかる無意識	158
Chapter 4-12	夢の種類	160
Chapter 4-13	さまざまな症候群	162
Chapter 4-14	異常性格者の特徴	164

第5章
仕事に役立つ心理学

Chapter 5-1	記憶のメカニズム	168
Chapter 5-2	エピソード記憶と意味記憶、手続き記憶	170
Chapter 5-3	顕在記憶と潜在記憶	171
Chapter 5-4	記憶は変わる──虚記憶	172
Chapter 5-5	自伝的記憶	173
Chapter 5-6	展望記憶	174
Chapter 5-7	高齢者の記憶	175
Chapter 5-8	記憶を引っ張り出す方法	176
Chapter 5-9	問題解決のテクニック	178
Chapter 5-10	片面提示と両面提示	180
Chapter 5-11	フット・イン・ザ・ドア・テクニック	181
Chapter 5-12	ドア・イン・ザ・フェイス・テクニック	182

Chapter 5-13	**ロー・ボール・テクニック**	183
Chapter 5-14	**古典的条件づけ**	184
Chapter 5-15	**オペラント条件づけ**	185
Chapter 5-16	**外発的動機づけ**	186
Chapter 5-17	**内発的動機づけ**	187
Chapter 5-18	**社会的動機づけ**	188
Chapter 5-19	**ハーズバーグの動機づけ**	190
Chapter 5-20	**欠乏動機と成長動機**	191
Chapter 5-21	**バンデューラの実験**	192
Chapter 5-22	**ピグマリオン効果**	193
Chapter 5-23	**PM理論**	194
Chapter 5-24	**部下にやる気を起こさせる方法**	196
Chapter 5-25	**ホーソン効果**	197
Chapter 5-26	**モノの頼み方**	198
Chapter 5-27	**叱る、命令の技術**	200
Chapter 5-28	**割れ窓理論**	202
Chapter 5-29	**ハインリッヒの法則**	203
Chapter 5-30	**ハロー効果**	204
Chapter 5-31	**ザイアンスの法則**	205
Chapter 5-32	**リンゲルマン効果**	206
Chapter 5-33	**同調・集団の圧力**	207
Chapter 5-34	**傍観者効果**	208
Chapter 5-35	**リスキーシフト**	209

Chapter 5-36　**成果を上げるチームをつくるには?** ……… 210

人物紹介 ……… 212
（エドワード・L・ソーンダイク／バラス・フレデリック・スキナー／アルバート・バンデューラ／ジェームズ・ジェローム・ギブソン／クルト・コフカ／クルト・シュナイダー／レフ・セミョノヴィチ・ヴィゴツキー／フレデリック・ハーズバーグ）

第6章
恋愛に役立つ心理学

Chapter 6-1	**異性の魅力**	218
Chapter 6-2	**近接性の効果**	220
Chapter 6-3	**好意の返報性**	221
Chapter 6-4	**パーソナルスペース**	222
Chapter 6-5	**シンクロニー**	224
Chapter 6-6	**バーナム効果**	225
Chapter 6-7	**ボッサードの法則**	226
Chapter 6-8	**気になる人との座り方**	227
Chapter 6-9	**フィーリンググッド効果**	228
Chapter 6-10	**吊り橋効果**	229
Chapter 6-11	**ランチョンテクニック**	230
Chapter 6-12	**自己開示**	231
Chapter 6-13	**ストーカー**	232
Chapter 6-14	**DV（ドメスティック・バイオレンス）**	233

Chapter 6-15	**結婚で得るものとは?**	234
Chapter 6-16	**出産で人はどう変わる?**	235
Chapter 6-17	**育児と愛着**	236
Chapter 6-18	**ピアジェとコールバーグの発達理論**	238

人物紹介 240
(ジャン・ピアジェ／ジョン・ボウルビィ／アンナ・フロイト／メラニー・クライン／ハリー・F・ハーロウ／エリク・ホーンブルガー・エリクソン／アルフレッド・アドラー／ローレンス・コールバーグ)

第7章
心の不調を知る

Chapter 7-1	心の健康を保つには	246
Chapter 7-2	**ストレスとストレッサー**	250
Chapter 7-3	**ストレス・マネジメント**	252
Chapter 7-4	**防衛機制①**	253
Chapter 7-5	**防衛機制②**	254
Chapter 7-6	**防衛機制③**	256
Chapter 7-7	心の病気	258
Chapter 7-8	**不安障害**	260
Chapter 7-9	**心身症**	261
Chapter 7-10	**パーソナリティ障害**	262
Chapter 7-11	**統合失調症**	264
Chapter 7-12	**うつ病**	266

Chapter 7-13	さまざまな恐怖症	268
Chapter 7-14	PTSD（心的外傷後ストレス障害）	270
Chapter 7-15	ADHD（注意欠如・多動性障害）	271
Chapter 7-16	LD（学習障害）	272
Chapter 7-17	自閉性障害	273
Chapter 7-18	摂食障害――拒食症・過食症	274
Chapter 7-19	性に関する障害――性機能・性同一性	275
Chapter 7-20	アスペルガー症候群	276
Chapter 7-21	子どもの心の病気	277
Chapter 7-22	不登校	278
Chapter 7-23	引きこもり	279
Chapter 7-24	いじめ	280
Chapter 7-25	家庭内暴力・児童虐待	281
Chapter 7-26	いろいろな心理療法	282
Chapter 7-27	精神分析的心理療法	284
Chapter 7-28	来談者中心療法	286
Chapter 7-29	認知行動療法	288
Chapter 7-30	カウンセリング	290
Chapter 7-31	自律訓練法	292
Chapter 7-32	イメージ療法	294
Chapter 7-33	家族療法	295
Chapter 7-34	芸術療法	296
Chapter 7-35	精神科薬物療法	297

Chapter 7-36	**催眠療法**	298
Chapter 7-37	**統合的アプローチ**	299
Chapter 7-38	**集団心理療法**	300
Chapter 7-39	**森田療法**	301
Chapter 7-40	**内観療法**	302
Chapter 7-41	**回想法**	303

人物紹介 304
（アーロン・T・ベック／アルバート・エリス／森田正馬／吉本伊信／カール・ロジャーズ／マーティン・セリグマン／リチャード・ラザルス／フランツ・アントン・メスメル）

参考文献 308

あとがき 309

索引 311

第1章
いろいろな心理学

心理学が学問になったのは、19世紀。ではそれ以前、人は「心」についてどう考えていたのだろうか？ 歴史に残る賢人の言葉が残っている。そして今心理学は、「基礎」「応用」に大別され、さらにその研究・実践のジャンルはあらゆる分野にわたっている。本章では、生理、学習、臨床、認知、社会など主要な心理学の概論と、心理学のさらなる領域についても触れる。どのような心理学があるのかを知ろう。

Chapter 1-1	心理学とは	Chapter 1-25	応用心理学 産業心理学
Chapter 1-2	心理学の源流は哲学	Chapter 1-26	応用心理学 犯罪心理学
Chapter 1-3	心理学の祖・ヴント	Chapter 1-27	応用心理学 学校心理学
Chapter 1-4	第1の心理学 精神分析	Chapter 1-28	応用心理学 コミュニティ心理学
Chapter 1-5	第2の心理学 行動主義心理学	Chapter 1-29	応用心理学 法心理学
Chapter 1-6	第3の心理学 人間性心理学	Chapter 1-30	応用心理学 災害心理学
Chapter 1-7	基礎心理学 生理心理学	Chapter 1-31	応用心理学 家族心理学
Chapter 1-8	基礎心理学 学習心理学	Chapter 1-32	応用心理学 健康心理学
Chapter 1-9	基礎心理学 数理心理学	Chapter 1-33	応用心理学 スポーツ心理学
Chapter 1-10	基礎心理学 社会心理学	Chapter 1-34	応用心理学 交通心理学
Chapter 1-11	基礎心理学 知覚心理学	Chapter 1-35	応用心理学 宗教心理学
Chapter 1-12	基礎心理学 人格心理学	Chapter 1-36	応用心理学 芸術心理学
Chapter 1-13	基礎心理学 認知心理学	Chapter 1-37	応用心理学 自己心理学
Chapter 1-14	基礎心理学 発達心理学	Chapter 1-38	応用心理学 医療心理学
Chapter 1-15	基礎心理学 感情心理学	Chapter 1-39	心理学のさらなる領域 性心理学
Chapter 1-16	基礎心理学 言語心理学	Chapter 1-40	心理学のさらなる領域 政治心理学
Chapter 1-17	基礎心理学 感覚心理学	Chapter 1-41	心理学のさらなる領域 経済心理学
Chapter 1-18	基礎心理学 生態心理学	Chapter 1-42	心理学のさらなる領域 空間心理学
Chapter 1-19	基礎心理学 計量心理学	Chapter 1-43	心理学のさらなる領域 軍事心理学
Chapter 1-20	応用心理学 臨床心理学	Chapter 1-44	心理学のさらなる領域 異常心理学
Chapter 1-21	応用心理学 文化心理学		
Chapter 1-22	応用心理学 障害者心理学		
Chapter 1-23	応用心理学 環境心理学		
Chapter 1-24	応用心理学 教育心理学		

心理学とは

解説 心理学とは「心とは何か」を解明する学問。科学としての心理学は、19世紀ドイツで生まれた。心理学は社会に適応できない人たちの助けとなる学問である。

トリセツのヒント 人間関係に悩む、ストレスやプレッシャーで気分が落ち込むなどという「不適応な状態」の対処法を知る。

基礎心理学と応用心理学に大別

★ 基礎心理学

実験や観察を用いて、心理学の一般法則を研究する。データや資料から人間の心理を解き明かす。生理心理学、数理心理学、学習心理学、発達心理学などがある。それぞれが独立した学問でなく、深く関係するため研究は多岐にわたる。心理学が科学であるといえるのは基礎心理学があるからともいえる。「心と脳の情報処理」や「心とからだの反応」などについて科学的な研究を行い、心の仕組みを理論化・数値化する。応用心理学の「基礎」となる学問なのだ。

他の学者の文献を読み、心を研究。そして実験、新たな発見へ。

★ **応用心理学**

　基礎心理学で得た知識や法則を、実際に現実で起きている心の問題の解決に役立てる、まさに現場で応用する学問。臨床心理学、社会心理学、文化心理学、教育心理学、産業心理学、犯罪心理学など、これまた分野は多岐にわたる。現代社会は問題が山積みだ。基礎心理学の知見をいかして、いかにこれらの解決をはかっていくかが、応用心理学に求められる。自身に関わりの深い分野の心理学を知れば、これまでにないヒントが得られるかもしれない。

心の病や不適応に対処する臨床心理学は、まさに応用心理学の賜物。

心理学

基礎心理学
- 生理心理学
- 学習心理学
- 数理心理学
- 認知心理学
- 発達心理学 など

応用心理学
- 臨床心理学
- 教育心理学
- 産業心理学
- 犯罪心理学
- 災害心理学 など

さらにさまざまな個別領域にわたり、心理学は発展している。

Chapter 1-2

心理学の源流は哲学

解説 19世紀に心理学が学問として成立する前ももちろん人間は心について考えていた。なかでも哲学からの影響は大きい。プラトン、アリストテレスなどの哲学者が心の仕組みを探求した。

トリセツのヒント 何か悩んだときは哲学書に答えや救いを求めてみるのもいい。人としての原理原則が書かれている。

心理学が生まれるまでの、ざっくりとした変遷

心理学に大きな影響を与えたのが哲学。歴史に名を残す偉大な哲学者たちは、心をどうとらえたのか？ プラトンは「心とからだは分けられる」とする心身二元論を提唱。その弟子アリストテレスはそれを否定。さらに近代哲学の父デカルトは、「心とからだはそれぞれ独立しているが相互に作用する」とした。ロック、ヘーゲルなどの賢人もそれぞれの説を唱えている。

プラトン（BC427-BC347）
「心と体は分けられる。死んでも霊魂は不滅」とする心身二元論。

アリストテレス（BC384-BC322）
「心と体は分離できない。一元的なものだ」という霊魂論を提唱。

デカルト（1596-1650）
「いやいや、心と体は別で二元。しかし、お互いに影響するのだ」とした。

カント（1724-1804）
「人の認識とはあらかじめ備わった思想と経験からなる」という認識論を提唱。

ヘーゲル（1770-1831）
「精神的なものが世界の根源。物質的なものは二次的なものだ」とした。

ベーコン（1561-1626）
「心とは経験によって知識が記録されていくもの」とした。

ロック（1632-1704）
「赤ちゃんの心は"タブラ・ラーサ（白紙の石板）"。人は経験をその上に書き記していく生き物」という経験心理学を提唱。

19世紀に入り、ドイツの生理学者フェヒナーや生理学者ウェーバーらが自然科学によって心の解明をしようと試みる。それまでの哲学的アプローチから、心の働きをより科学的に実証しようとする流れが生まれた。そして、いよいよ心理学が「科学的学問」となる日がくる。

（各人のプロフィールはP70～）

Chapter 1-3

心理学の祖・ヴント

解説 1879年にライプチヒ大学哲学科教授ウィルヘルム・ヴント（P73参照）が心理学実験室をつくったことから、科学としての心理学が始まった。

トリセツのヒント 哲学的なものだった「人の心」を、ヴントが実証的かつ科学的な学問に。果たして「人の心」は数値化できるのか？　今なお興味のわく心の研究が始まった。

人の心は「科学」できる？

ヴントは、心理学を経験科学とみなした。外部からの刺激を受けると人はどんな反応を示すかを、ヴントは精神の内面を観察する「内観法」によって分析し、研究した。そして、人の心はさまざまな要素の集合であるという結論を出した。

心はさまざまな要素のかたまりである

複数の要素から人の心が生まれることを「統覚」とヴントは言った。

ゲシュタルト心理学登場

20世紀に入ると心理学はさらに発展し、ヴントの考えを否定する「ゲシュタルト心理学」が登場した。ゲシュタルトとは、物事を部分の集まりではなく、全体の構造でとらえるという考え。心の動きについても、複数の要素の相乗効果によって生まれると考えた。

簡単にいうと、人の心は1+1＝2ではなく、ときとして3や4にもなるという、全体は部分を足したものとはいえないという考えがゲシュタルト心理学。

・・ Knowledge

東北大学附属図書館には、ヴントの蔵書の一部があり、「ヴント文庫」として保管されている。ヴントの書き込みのある貴重な文献が残る。

Chapter 1-4

第1の心理学
精神分析

解説 フロイト（P96参照）による「無意識」の発見から生まれたのが精神分析。人の心は意識、前意識、無意識に分けられるとした。自分でも意識できない部分が私たちをつき動かしているのだ。

トリセツのヒント 社会や人を動かすエネルギーが人々の無意識から湧き出るとすると、世界中で起きている出来事を見る目が変わる。

無意識の中身は「エス、超自我、自我」

無意識はエス、超自我、自我とに分けられる。エスは本能的な欲望、超自我は良心ともいえる部分、自我はエスと超自我の調整役だ。互いに影響し合いパーソナリティを形成する。

意識は「今、意識できる部分」

前意識は「努力すれば意識できる部分」

無意識は「簡単には意識化できない部分」

フロイトは無意識の領域に入っていき、抑圧されているものを解放できれば、心の病を治せると考えた。

全人類共通の無意識

フロイトの無意識に対する考えに影響を受けたのが、ユング（P96参照）だ。ユングはフロイトが無意識は個人的なものと考えたのに対し、個人の体験を超越する人類共通の「普遍的な無意識」があると考えた。ユングの説では、無意識は「その人固有の記憶や経験に基づいた個人的無意識」「全人類共通の普遍的無意識」の2層構造になっているというわけだ。

父親のような厳格さをもつオールドワイズマンは、迷える者を導く存在。もちろん女性にも宿る。

秩序を破壊し混乱をもたらすトリックスター。自分の中の「悪」の部分ともいえそうだ。

普遍的無意識はさまざまな「元型」から構成される。元型には、母親のように自分を包む一方、束縛もする「グレートマザー」。父親のように厳格な「オールドワイズマン」。抑圧された負の要素を持つ自分の影「シャドウ」。秩序を破壊しようとする道化師「トリックスター」などがあるという。また、元型の象徴的なものでは、アニマ、アニムスがある。アニマとは男性の無意識的な女性的側面、アニムスとは女性の無意識的な男性的側面だ。私たちは心の奥底で性別を超えた人格を宿しているのだ。

・・・ Knowledge

師弟関係にあったフロイトとユングは、無意識に対する考え方の相違からやがて決別する。またフロイトの精神分析は以降、自我心理学、新フロイト派などさまざまな心理学へと発展していく。

Chapter 1-5

第2の心理学
行動主義心理学

解説 20世紀のアメリカで生まれたのが行動主義心理学。心理学者ワトソン（P97参照）が提唱した。ワトソンは目に見えない不確かなものを研究するのでなく、客観的な研究から心理を見つめた。

トリセツのヒント 外から与えられた刺激にどんな反応をするか、という側面から人間の行動を考えるため、人を「動機づける」ときのヒントになる。

アルバート坊やの実験

ワトソンの行動主義心理学を象徴する実験が、「アルバート坊やの実験」。外部からの刺激に対してどんな反応を示すかを、赤ちゃんに対して行った。なお、ワトソンはこの「刺激・反応の理論」を用いれば、人はどんな行動もできるようになると言ったという。

生後9か月の子どもに白いネズミを見せると同時に大きな音を立てる実験。子どもは恐れて泣いてしまう。

実験を繰り返すと、音を出さなくても白いネズミを見ただけで、やがては白いものを見ただけで泣いてしまうことを発見した。

Chapter 1-6

第3の心理学
人間性心理学

解説 行動主義心理学とともに20世紀のアメリカで生まれたのが、人間性心理学。心理学者マズロー（P97参照）が提唱。精神分析でも行動主義でもなく、人間のありのままを理解しようと考えた。

トリセツのヒント マズローの欲求5段階説は、仕事だけでなく、人生そのもののモチベーションを高める際に参考となり、役に立つ。

マズローの欲求5段階説

生きるために必要な欲求から満たされていくことで、より上位の欲求へとステージが上がっていく。人に認められ、自分の才能をより発揮して自己実現することが人の幸せ。他人を認め、自分も認められるような環境をつくろう。

自己実現欲求
自分の能力を発揮したい

自尊欲求
他人に認められたい

親和欲求
他人と仲良くしたい

安全欲求
身の安全を守りたい

生理的欲求
食べる、眠る……、生きたい

Chapter 1-7

基礎心理学
生理心理学

解説 人間の生理的な活動と、心理的な現象とは関連するものだとし、「心」を科学的に解明する心理学。

トリセツのヒント 心の研究をするときに人の生理的な反応を手掛かりにすることが、生理心理学の主眼となる発想である。

緊張すると、心はバクバク。汗もかく

人は緊張すると手に汗をかいたり、お腹が痛くなったりする。嘘をついていると心臓がドキドキすることもあるだろう。そのような気持ちの動きに伴う生理的な変化を測定。心の動きは、心電図や脳波、体温などから見て取れるという。嘘発見器も生理心理学を基として生まれた。

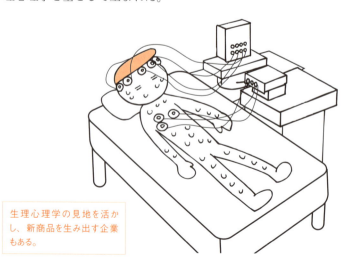

生理心理学の見地を活かし、新商品を生み出す企業もある。

Chapter 1-8

基礎心理学
学習心理学

解説 人は、経験や学習によって行動が変化すると考え、その過程を研究する心理学。

トリセツのヒント お昼のベルが鳴るとお腹が減り、夕方のチャイムが鳴ると帰宅したくなる。他の欲求も学習次第で変化を促すことが可能かもしれない。

パブロフの、人？

人も動物なので、お腹がすいたな、眠いな、というように本能に抗えないときがある。一方で、「この会議はウトウトできない。寝たらまずいことになる」と本能を御すことも知っている。しかし、何かの合図（チャイムや何かの一声）でどうしても反応してしまうことがある。学習心理学はそれを科学する。わかりやすい例としてよく取り上げられるのが「古典的条件づけ」（P184参照）。いわゆる「パブロフの犬」の話である。

梅干しやレモンを見ると唾液が出てしまうというのも、立派な古典的条件づけ。

・・・ Knowledge

古典的条件づけ「パブロフの犬」を提唱したロシアの医学者イワン・パブロフ（P98参照）はロシア人で初めてノーベル生理学・医学賞を受賞している。ちなみにパブロフの犬は1匹の犬ではなく、何匹もいたとか。たくさんの犬が実験を手伝ってくれたから与えられた発見・栄誉だったのかも!?

Chapter 1-9

第1章 基礎心理学

数理心理学

解説 人間の心の研究・分析について、数学を使ってモデル化するなど、数理的分析手法を用いる心理学。

トリセツのヒント 人のすべての行動をデータ化し分析する「ビッグデータ」は、人の心の解明につながるのか？ 数理心理学を活用すれば、「これから売れるもの」「人が次に行動すること」がわかるかもしれない。

ゲーム理論から始めよう

ゲーム理論とは、あらゆる利害関係をゲームという形で記述する方法。「ふたり以上のプレーヤー」の意思決定・行動を分析する理論だ。ゲーム理論がわかれば、状況を正しく理解でき、未来を予測する力が身につく。

上司と部下の関係も利害が生じるのでゲームの理論の対象となる。

囚人のジレンマ

「囚人のジレンマ」はゲーム理論を学ぶうえで基本ともいえるゲーム。あなたと相棒が強盗を行い、逮捕されたとする。警察はあなたと相棒をそれぞれ別の部屋に連れていき、次のような取引を持ち掛けてくる。さて、どうする？

①あなたが自白して、相棒が黙秘したら、あなたは無罪（相棒は懲役3年）
②あなたが黙秘して、相棒が自白したら、あなたは懲役3年（相棒は無罪）
③あなたと相棒の両方が自白したら、2人とも懲役2年
④あなたと相棒の両方が黙秘したら、2人とも懲役1年

相棒（自白or黙秘）

	黙秘	自白
あなた（自白or黙秘） 黙秘	−1、−1	−3、0
自白	0、−3	−2、−2

　上のように表にしてゲームの構造を視覚化する。相棒が自白する場合、あなたが自白すると懲役2年、黙秘では3年になる。相棒が黙秘する場合、あなたが自白すると無罪、黙秘すると懲役1年。あなたがとるべき合理的な行動は「自白」となる。

Chapter 1-10

基礎心理学
社会心理学

解説 社会的環境のなかで個人や集団が、どんな影響を受け、行動するのかを研究する心理学。

トリセツのヒント 「赤信号、みんなで渡ればこわくない」。人は周囲に大きな影響を受ける。家庭、会社、地域など多様な社会で生きるだけに、さまざまな場面で役に立つ学問だ。

やっぱり、サクラの力にあらがえない

人は周り（社会）に大きく影響を受ける。その例として、アメリカの社会心理学者ミルグラムが行った「サクラ」の実験がある。サクラにビルの上を見上げさせたところ、2～3人だと通行人の6割が同調。5人以上だと8割が同じくビルを見上げたという。人を集めたい業種の方は、サクラを5人以上集めたほうがいいかもしれない？

サクラ2～3人

立ち止まる通行人の割合＝6割

サクラ5人以上

立ち止まる通行人の割合＝8割

Chapter 1-11

基礎心理学
知覚心理学

解説 人間の知覚には、視覚、聴覚、嗅覚、味覚、触覚、平衡感覚、時間知覚などがある。それら知覚から人の心を研究する心理学。

トリセツのヒント 知覚を鋭くすれば世界の見え方は広がる。一方、自身の知覚がいかにあいまいなものかに気づくと、世界に対して考えが謙虚になるはずだ。

暗闇の中でごはんを食べると、味覚は鈍る

知覚心理学で研究対象になっている「錯視」については90ページで解説。目で見えているものと、実際のものとの違いを知ることだろう。また、知覚を制限した空間で人はどうモノを感じるのかがとても興味深い。真っ暗闇で食事をすると、何を食べているのかわからなくなるという。視覚があってこそ、人はモノを味わっているのがわかる。

暗闇の中で「何か光っているな」「何かあるな」というのは感覚、「これはごはんだな」「ん、豚肉だ！」と、どんな食べ物かわかったとき、それは知覚となる。

Chapter 1-12

基礎心理学
人格心理学

解説 人間の人格や性格を研究する心理学。さまざまな検査から、人格、性格を研究する。

トリセツのヒント 自分でも気づかない人格、性格を知る手がかりを得よう。実験、観察、検査、調査などの方法から、人の心が理解できる。

客観的に自分や相手のことを知るには？

性格を知るには面接や観察という方法や、性格テストという方法がある。就職試験で受けるSPIもそのひとつ。テストには、質問紙法、投映法、作業検査法などがある。

観察法には研究したい場所に出向いて観察する「自然観察法」と、ある程度条件を揃えて観察する「実験観察法」がある。

日本で普及している質問紙法が「YGテスト」（P112参照）。質問に「はい」「いいえ」「どちらでもない」から答えを選んでいく方法。性格の特性がわかる。

Chapter 1-13

基礎心理学
認知心理学

解説 人間の心をコンピュータのようにみなし、どのような入力(刺激)があれば、どのような出力(反応)があるのかを、実験から明らかにする心理学。

トリセツのヒント 認知心理学は1950年代に生まれた比較的新しい心理学だ。それまでの非科学的な心理学から一転、人の問題解決の過程は、脳＝ハードウェア、心＝ソフトウェアというような関係で説明できるとした。

人工知能は人間を超えるか？

人工知能が人間を超える技術的特異点（シンギュラリティ）が2045年にも訪れるといわれている。実際、2016年3月、囲碁人工知能「アルファ碁」が、当代世界最強の棋士とされる韓国の棋士に勝利した。また、人工知能の台頭により、多くの職が奪われるとも言われている。私たちは未来に適応しなければならないだろう。

人工知能に感情を持たせる研究も行われている。パンドラの箱が開く!?

Chapter 1-14

基礎心理学
発達心理学

解説 人間の誕生、成長、加齢、死までの「発達」の変化を研究する心理学。「ゆりかごから墓場まで」、人の心をとらえる。

トリセツのヒント 発達心理学では、子どもから大人になるまでを発達と考えるのでなく、人は死ぬまで発達すると考える。からだは衰えるが、心は死ぬまで発達するのだ。

性的発達と社会的発達

人の発達について、フロイトは性的本能に着目。一方、アメリカの心理学者エリクソン（P242参照）は社会との関係から人の発達を研究、「心理社会的発達理論」を提唱した。

★ **乳児期（0〜1歳） 信頼vs不信**
母親との関係から他者は信頼できると実感する。

★ **幼児前期（1〜3歳） 自律性vs恥・疑惑**
排泄行為から自分の生活をコントロールすることを知る。

★ **幼児後期（3〜6歳） 自主性vs罪悪感**
大人のように振る舞おうと、自主性が広がる。

★ **児童期（6〜12歳） 勤勉性vs劣等感**
学校という環境から努力、達成感を得る。

エリクソンの発達理論

エリクソンは人生を、乳児期、幼児前期、幼児後期、児童期、青年期、成人前期、成人後期、高齢期の8段階に分け、各段階に乗り越えねばならない課題があるとした。各段階で不適応が起こると心の不安は高まるかもしれない。あなた自身や子ども、親がいまどのような課題に直面しているかの参考にしてみてほしい。

一方、ライフスタイルの変化からエリクソンの発達理論と現代では、時期も価値観もズレが生じていることだろう。世の中の流れとも合わせて発達課題に向き合う必要がある。

なお、フロイトもエリクソンも共通して、乳児期における母親との愛着関係が人の発達において重要だと提唱している。ハーロウ（P242参照）の説とも合わせて読むと理解が深まるはずだ。

★ **青年期（12～20代なかば）　自我同一性vs同一性拡散**
自我同一性（アイデンティティ）を確立し、自分らしく生きる方向を固める。

★ **成人前期（20代後半～30代なかば）　親密性vs孤独**
パートナーとの関係を持とうとする時期。

★ **成人後期（30代後半～60代なかば）　世代性vs停滞**
子どもや部下を育てることで、自己を超える。

★ **高齢期　統合vs絶望**
人生を振り返り、受け入れる。

Chapter 1-15

基礎心理学
感情心理学

解説 人の感情や情動を解明する心理学。人間特有の感情と、動物にも備わる原始的な情動とを研究する。

トリセツのヒント 人の「喜怒哀楽」がどこから生まれるのかを知れば、さまざまな場面で適切に対応できるだろう。

人の感情はどこから生まれてくるのか?

動物の本能にも似た情動は、大脳の奥にある大脳辺縁系が司る。一方、人間的な感情は、大脳を覆う大脳皮質が司る。大脳新皮質は哺乳類のみにある脳の領域といわれ、人間は特に発達している。

★ 感情
人に同情する、昔を懐かしく思う、せつなくやるせない気持ちなど、人間特有の複雑な気持ち。比較的継続する特徴があるのでクヨクヨ悩んでしまうのだろう。

★ 情動
こわい! おいしそう! むかつく! など、動物にも備わっている原始的な感情。急激に生まれ、短時間で終わる特徴がある。怒り心頭に発したとき「3秒こらえなさい」というのはそういう訳がある。

Knowledge

英語では感情のことを「feeling」または「affection」という。feelingの語源は「触れて感じる」ということ。一方、情動は「emotion」。語源は「揺り動かす」。語源を見ても、emotionのほうが力強いことがみてとれる。

Chapter 1-16

基礎心理学
言語心理学

解説 人が言語を身につけていく過程や、言語と心理との関係を研究する心理学。言語そのものでなく、「使う人」の行動と言語の関係をみつめる。

トリセツのヒント 言葉を覚える段階でどんな成長や発達、障害が生まれるのかを知ることで、自身や他者への理解が深まるはずだ。

ディスレクシア（難読症）を知る

学習障害（P272参照）の一種で、知的能力に異常がないにもかかわらず、文字の読み書きに困難をもつ障害。文字がひっくり返って記憶されたりと、脳での情報処理になんらかの障害が発生しているという。学習障害に関しては、言語心理学だけでなく発達心理学とも関わりが深く、このような障害が存在することを理解し、対処したい。

難読の傾向があるが、耳から入る音声の記憶には人並み外れた能力があるというケースもある。

Chapter 1-17

基礎心理学
感覚心理学

解説 皮膚や目などの受容器でとらえた刺激が電気信号となり、脳や神経に伝えられる。そのとき起きる意識や現象を「感覚」という。感覚心理学ではこれらを実験によって解明する。

トリセツのヒント 感覚と知覚の違いを知ろう。人のどの箇所に感覚を感じる受容器が集中しているかを「感覚のホムンクルス」から知るとおもしろい。

感覚のホムンクルス

感覚とはからだのあらゆる器官から情報が脳に伝えられ感じること。知覚は「それが何なのか」を知ること。その違いがある。また、カナダの脳外科医ペンフィールドは、情報を受け取る大脳の体性感覚野が、からだのどの部位に対応しているかを研究した。それを形にしたのが「感覚のホムンクルス」だ。

体性感覚野は胴体や足に比べて、顔や手からの情報をより多く感知する。

手が圧倒的に大きいことから、いかに人は手から情報を得ているかがわかる。

味覚は敏感。だから舌もベロンと厚い。舌の感覚は脳に多く伝わるのだ。

Chapter 1-18

基礎心理学
生態心理学

解説 現実社会での人の生態と心のあり方との関係を研究する心理学。アフォーダンス理論（P95参照）を提唱したアメリカの心理学者ギブソン（P213参照）が切り開いた分野。

トリセツのヒント 「日常生活でそのモノが何を与えてくれるか」に着目するためのより実践的な学問。商品開発など新たなモノをつくるときに役立つ。

アフォーダンス理論をざっくり解説

アフォードとは「与える、提供する」という意味の動詞で、アフォーダンスはこれから作られた名詞。ギブソンは、「周りの環境が、その人に与えるものだ」と定義、アフォーダンスを研究することが生態心理学の課題であるとした。たとえば、椅子を前にしたとき「この椅子がどのような価値情報（座れる）を人に与えているか」を知るのだと提唱した。

奇抜なデザインの椅子のようなものがあるとしよう。「座れるもの」かはたまた「上に乗るもの」なのか一見してわからないものだと、人は混乱してしまう。

Chapter 1-19

基礎心理学
計量心理学

解説 人の心を「はかり」、数値化する心理学。数理心理学に内包される心理学ともいわれている。実験、テストを行い、数学や統計学を用いて、心のデータを集めて分析する。

トリセツのヒント 主観的な人の心をできるだけ客観的なデータとして解析するので、基礎理論として多くの分野に応用ができる。

エビングハウスの忘却曲線

ドイツの心理学者エビングハウス（P99参照）は、実験を通じて人の記憶に関するデータをとった。意味をなさない文字列を暗記させ（原学習）、一定時間後に再学習させた場合、何％のことを人は忘れてしまうのか？ 結果、人は20分後に42％、1時間後には56％、1日後には74％のことを忘れてしまうのだという。この曲線をエビングハウスの忘却曲線と呼ぶ。

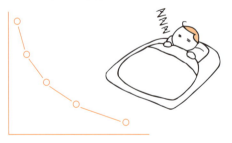

さまざまな記憶術については、P176で紹介しているので、勉強するときなどの参考に。

Knowledge

被検者に意味をなさない綴りを覚えさせ、すぐに睡眠をとらせた場合と起きたままにした場合、睡眠したグループのほうが、記憶がはっきりしていたという実験結果もある。試験直前の徹夜はあまり効果がないといえるかもしれない。

Chapter 1-20

応用心理学
臨床心理学

解説 人間の心理的障害や社会との「不適応」の問題を、心理学の知識や技術をもとに助言などし、解決を目指すことを目的とした実践的心理学。

トリセツのヒント 心の病はもちろん、日ごろのストレスなどで困っている人たちの助けになる。これから紹介していく、さまざまな心理療法やアプローチを知ってもらいたい。

戦争とともに発展した背景をもつ臨床心理学

臨床心理学はアメリカで進んでいる学問分野である。第一次世界大戦の戦傷者の心を癒すために発達した背景をもつ。現在では、戦争だけでなく、ストレスフルな社会で心を痛める人たちのために臨床心理学が役に立っている。

第7章でさらに多くの心理療法を解説するので参考にしてもらいたい。

来談者中心療法
もう色々どうでもよくて……
どうでもよい?

精神分析的心理療法
心に浮かぶことをそのまま話してください
なんだかフワフワしています

認知行動療法
私なんて生きている価値がない人間なんです
そう感じる前に何かありました?

Knowledge

臨床心理学という分野が始まったのは、1896年、ペンシルヴァニア大学のウィトマーが心理診療所の重要性をアメリカ心理学会に主張したことに始まるとされる。

Chapter 1-21

応用心理学
文化心理学

解説 文化と心の関係にフォーカスする心理学。比較文化心理学と人類学から派生した学問である。人類普遍の心がある一方、文化により影響を受ける心の在り方を研究する。

役に立つ 人の心や行動の多くは歴史的・文化的文脈の中で形成される。相互理解には、相手の国について知ることが大切だ。

文化によって人の心はかわるの？

民族性を風刺した「沈没船ジョーク」をご存知だろうか。「世界各国の人たちの乗った船が沈没しかかっている。脱出ボートが足りないので、乗客を海に飛び込ませなければならない」。さて、なんと言えば彼らは海に飛び込むのか……？

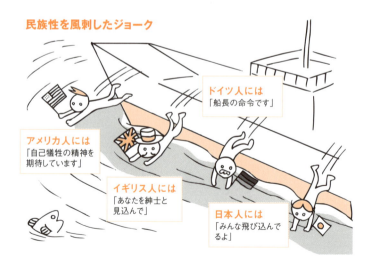

民族性を風刺したジョーク

- **ドイツ人には**「船長の命令です」
- **アメリカ人には**「自己犠牲の精神を期待しています」
- **イギリス人には**「あなたを紳士と見込んで」
- **日本人には**「みんな飛び込んでるよ」

Chapter 1-22

応用心理学
障害者心理学

解説 さまざまな障害をもつ人たちへの理解を深め、支援するための心理学。障害者の個性、可能性をのばす取り組みを行う。

トリセツのヒント 視覚障害、聴覚障害、知的障害や身体的な障害など、障害はさまざまある。そのような人たちに対してどのように接していけばよいかのヒントを得る。

多様性のある社会や教育を目指す

1994年にユネスコが行った「サラマンカ宣言」では、教育は「障害児を含むすべての子どもたちの基本的権利」であるとした。そのための教育をインクルーシブ（あらゆる人が排除されないよう援助する）教育とし、推奨している。

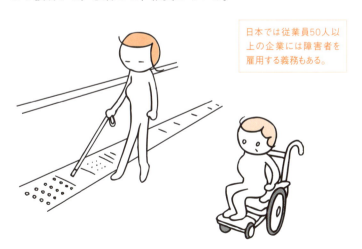

日本では従業員50人以上の企業には障害者を雇用する義務もある。

Chapter 1-23

応用心理学
環境心理学

解説 環境は人の「背景」ではなく、人と環境は「ひとつのまとまり」であると考える心理学。環境の変化がどう人に影響を及ぼすかを研究する。

トリセツのヒント 自分や相手を変えるには、その「人」でなく、「環境」を変えてみるといいという視点を得ることができる。

ニューヨークの犯罪を激減させた方法

犯罪学者らが提唱した「割れ窓理論」（P202参照）は、ひとつの割れ窓を放置すると他も割られて治安が悪化するという理論だ。殺人などの重犯罪が頻発していた1980年代後半のニューヨークで行政が「落書き一掃作戦」を実施。生活環境を整え、軽微な犯罪から取り締まったことで、重犯罪も激減した。

ある作家が何も書けない状況に陥ったとき、身の回りを掃除したところスランプを脱したという。環境を整えるって大切。

Chapter 1-24

応用心理学
教育心理学

解説 人間がどのように学び、育っていくのかを研究する心理学。とくに教育現場で起こるさまざまな問題についての解決の糸口を提供する学問。

トリセツのヒント 0歳児から死ぬまで人は学ぶ。教育についてどんな理論と実践があるかを知り、わが子や自身の学びの参考にしてもらいたい。

多岐にわたる教育心理学

教育といっても学校や家庭、社会などさまざまな教育の場面がある。いろいろな角度から子供たちの発達を支援する必要があるため、発達心理学、学習心理学など他の心理学と関わりが深い。ここでは主に教育心理学で扱われる4分野を紹介する。

1.成長と発達
子どもたちの成長や発達過程における心理学的特徴を明らかにし、学習指導や教育を円滑にできるようにする。

2.学習と学習指導
学習と指導方法を研究し、教え方、教材などの効果を高める。

3.人格と適応
いわゆる学校のレールからドロップアウトした子どもたちを対象に、原因、支援の方法を研究する。

4.測定と評価
テストなど、知能や人格を評価する方法を研究する。

Chapter 1-25

応用心理学
産業心理学

解説 会社や仕事など「産業活動」における人の心理を研究し、ビジネスの場に活かす心理学。職場での人間関係の悩みやメンタルヘルスなど「働くこと」を大きなテーマとする。

トリセツのヒント 職場での人間関係や市場でのマーケティングに活用できる。

職場での雑談にも一利ある?

　雑談と聞くと「仕事の手が止まってしまう」と思いがち。しかし、雑談できる組織のほうが生産性が高い、という研究結果もある。在宅勤務を取り入れる会社など、企業はさまざまな取り組みを行っており、それらが格好の研究材料になっている。

オフィスやデスクをもたない「ノマド」という働き方も増えている。介護離職などの社会問題もあり、柔軟な働き方が求められる。

Chapter 1-26

応用心理学
犯罪心理学

解説 犯罪者の心理や性格、裁判での心理、犯罪者の矯正、また犯罪の予防に役立てる心理学。

トリセツのヒント ニュースを見ると信じられないような事件や犯人を目にすることだろう。想像を超えて起きる犯罪に対して知識を得、対策が打てる。

加害者だけでなく、被害者の心理にも目を向ける

群衆心理が働くのか、企業の組織的犯罪や凶悪な事件が起きると、マスコミや大衆が一斉に加害者(もしくは当事者)を叩く傾向がある。なかには被害者側の心理にも目を向けた対応が求められるケースもあるだろう。

日本人には罪の許しを得た際に生まれる罪悪感があるという。

Chapter 1-27

応用心理学
学校心理学

解説 学校教育の現場で起きる問題の解決、生徒への援助、サービスについて研究し、実践する学問。学校心理学の資格に「学校心理士」がある。

トリセツのヒント 教える教師側も受ける児童・生徒側、また保護者側でも、「何か問題が起きたとき」のヒントが得られる。

いじめやモンスターペアレントはなぜ生まれるのか?

一斉・連帯主義の日本の教育が問題の温床、教師に対する敬意が薄れた年代が親世代になっている、教育もサービスととらえた消費者意識がそうさせるなど、さまざまな意見がある。

これまで学校に適応できていた子どもが、いじめにより「学校不適応」とならないようなケアが必要だ。

子どもの親を「モンスター」呼ばわりするマスコミや教育現場に問題がある、という声も。

Chapter 1-28

応用心理学
コミュニティ心理学

解説 会社、学校、地域社会などコミュニティと個人との関係が生まれる際の心理を研究、応用する学問。臨床心理学のひとつ。

トリセツのヒント 環境への不適応を防ぐための知識を得る。他人と関わるあらゆる場面で役に立つ。

それぞれがそれぞれの場所で、違う顔をもつ

家庭では父親・母親の顔を、会社では立場に即した顔といったように、人は社会の複雑な人間関係のなかで生きる。「この人はどんな背景をもつのだろう」と、他者に対して興味をもって想像し、相手の立場で考えられるようになると、コミュニティでの「不適応」は減っていくはずだ。

人はときどきの仮面(ペルソナ)をかぶって生きる。

Chapter 1-29

応用心理学
法心理学

> **解説** 法学と心理学を合わせて研究する学問。自白や目撃証言を行うときの心理状態など、特に裁判に関わる原告・被告、裁判官、弁護士、証人らの心の在り方を研究する。

> **トリセツのヒント** 裁判員制度により一般人も人を裁く立場となった。裁判に関わるあらゆる関係者の心理を知ることで、冤罪や二次的な犯罪を抑制できるはずだ。

「それでもボクはやってない」

痴漢冤罪事件を描いた表題の映画をもとに心理学的研究を行った事例がある。それによると、裁判官は「被疑者が犯人だろう」というバイアスがあるため立証しやすい証言を優先しがちになり、被害者は、自分が間違った証言をするととんでもない濡れ衣を被疑者に着せることになるため、それを認めたくない心理が働き、供述内容を強めて語るケースがあるという。

被害者の気持ちが「ふたつの認知」の中で揺れて折り合わないとき、それを心理学では「認知的不協和」と呼ぶ。

Chapter 1-30

応用心理学
災害心理学

解説 地震や津波などの自然災害や、交通事故、鉄道事故などの人為的災害における、人の心理を研究。また、災害によるPTSD（心的外傷後ストレス障害。P270参照）などの後遺症に対処する。

トリセツのヒント 自然災害が続くいま、より災害心理学の役割は大きくなるだろう。心の傷を抱えて生きていく人たちのケアをどのように行えばいいかのヒントを得ることができる。

寄り添う、知る、話を聞く

災害により非日常に追いやられた人たちへの対処はまず、できるだけそばにいてあげること。時間が経つにつれ、経験を一緒にした人にしか気持ちが通じないと考えるようになり、心を閉ざしてしまう傾向があるからだ。そしてそばに行ったら相手を理解することに努め、話を聞くこと。相手は話をすることでストレスが軽減される。

災害時には、被災者をケアする人たちにも目を向けたい。自分のことは二の次で頑張る人が多いからだ。

Chapter 1-31

応用心理学
家族心理学

解説 家族関係を研究する心理学。拡大家族から核家族へと大きく変化した世の中において生ずる、家族の問題の解決を図る。

トリセツのヒント 家族間の距離、地縁・社縁との距離が遠くなり、家族の孤立化が進んでいる。今一度、家族の在り方を考えるときの参考になる。

サザエさん的家族の衰退

　厚生労働省の調査（平成26年公表）によると、日本の世帯数は5011万2000世帯で増加傾向にある。平均世帯人数は2.51人で（1953年では5.00人）、単独世帯、核家族が増加している。子どもたちの孤食や高齢者の孤独死など、現代病ともいえる家族問題は今後さらに深刻になるだろう。

祖父母に育児の一部を任せられない子育て世代の増加が、保育所不足の問題につながっているとも考えられる。

Chapter 1-32

応用心理学
健康心理学

解説 心の健康だけでなく、身体的、社会的な健康を目指す心理学。それだけに医療、看護、教育、スポーツ、栄養などさまざまな関連領域がある。

トリセツのヒント ストレスへの対処や、ライフステージにおける不適応の克服のためには、生活習慣を変えることが効果的だ。

うつ病に対するジョギングの効用

うつ病の改善には「セロトニン」の分泌を促すといい。セロトニンは日光を浴びるほか、筋トレやジョギングなどの運動でも脳が刺激を受け、分泌される。実際、「有酸素運動をしたほうがうつ病を改善しやすい」「定期的にスポーツをしている人のほうが、うつ病を発症しにくい」という研究結果が数多く出ている。

その効果と可能性から、国内の医療系大学では、講義課目として健康心理学を新設するところが増えている。

Chapter 1-33

応用心理学
スポーツ心理学

解説 スポーツ選手の行動と心理を研究する。試合や練習に対する動機づけ、試合前の不安や緊張を緩和する方法などを解き明かしている。

トリセツのヒント トップアスリートの心理トレーニングや実践行動は、一般人の生活やビジネスにも参考になる。ここ一番で力を発揮するため、プレッシャーに打ち勝つための方法を学びたい。

自分のゾーンを知る

トップアスリートがよく口にする「ゾーン」は、極度の集中状態となり競技に没頭する感覚をいう。それを導き出すための訓練のひとつがイメージトレーニングだ。「自身が一番いい状態にあったとき」を振り返り、日記などに記すことで、どんなときに自分が最高潮になるかを知るといい。

あのときのプレー、最高だったな……

仕事もしかり。今日を振り返る習慣が、明日の仕事の成果につながる。

Chapter 1-34

応用心理学
交通心理学

解説 運転手、歩行者などの行動・心理特性を研究し、事故やトラブルを防ぐ。自動車のほか、船舶や鉄道、航空機なども研究対象となる。

トリセツのヒント 鉄道、航空機の大きな事故や、日常に起きる交通事故などの対策・予防に役立つ。加害者にも被害者にもならないためのヒントが得られる。

交通事故を起こしやすい人の特性

『交通心理学が教える事故を起こさない20の方法』(長塚康弘著)によると、交通事故を起こしやすい人の特性には、①拙速、②見込みが甘い、③すぐにカッとなる、④自分本位の4タイプがあるという。思い当たるふしがある人は要注意。

高齢ドライバーの起こす事故が社会問題化している。心理学だけでなく他の方法も含めた対処・予防が急務だ。

Chapter 1-35

応用心理学
宗教心理学

解説 宗教的な現象を、心理学的側面から研究する学問。

トリセツのヒント 日本は比較的、宗教を意識しない人が多い国だが、他の国々の人と関わる際は、それぞれの宗教を理解し、コミュニケーションを円滑にしたい。

人はなぜ宗教を信じるのか?

「戒律に従えば死後での幸福が約束される」「心の平安のため」「生まれてきたからには当たり前のこと」など理由はさまざまだろう。宗教を信じることは理屈ではないのかもしれない。インドでは最先端の科学を研究する科学者が、ガンジス河で沐浴をする。いわく「科学者としてみればガンジス河は工場排水などで汚染された河。しかしヒンドゥー教徒としてみれば最高に聖なる河。どちらも真実」であるという。

Chapter 1-36

応用心理学
芸術心理学

解説 芸術作品、芸術活動、芸術家などを含め、広く芸術を分析、研究する心理学。

トリセツのヒント 天才たちが我が身を削って作品を創る一方、絵画を描く、彫刻に向き合うなどの芸術活動に、人の心を癒す側面があることを知る。

芸術的才能は「悪魔に魂を売る」見返りか？

ゲーテの戯曲『ファウスト』にも出てくる言説であるが、天才と呼ばれる芸術家たちには統合失調症や双極性障害などの精神障害を抱える人もいる。創造的な行為の裏側には代償が伴うのかもしれない。一方、芸術活動により心の平安を得られることも心理学の研究で明らかになっている。

ある芸術家は幼い頃から統合失調症による幻覚や幻聴に悩まされ、それらを作品で表現。「水玉」は彼女の代表的モチーフとなった。

Chapter 1-37

応用心理学
自己心理学

解説 オーストリア出身の精神科医ハインツ・コフート（P99参照）が提唱した心理学。「健全な自己愛」を研究、分析する学問。

トリセツのヒント 健全な自己は「野心」「才能・技能」「理想」のバランスによって保たれる。このバランスが崩れることで人は心の病になる。

自己愛性パーソナリティ障害にご用心

コフートは、自己愛性パーソナリティ障害（P263参照）を研究する過程で自己心理学を見出した。自己愛性パーソナリティ障害とは、ありのままの自分を愛することができず、自分は偉大な存在であると思い込む障害のことだ。

もっとオレ様に拍手を〜!!

やれやれ……

他者に共感できるようになる、人の気持ちを汲めるようになるための治療が必要。

Chapter 1-38

応用心理学
医療心理学

解説 臨床心理学に比べ、より実践的に医療技術を取り込んだ心理学。

トリセツのヒント 心の病だけでなく、からだの病気の悩みを持つ人たちへの接し方、関わり方のヒントを得ることができる。

患者の心に寄り添い、治癒力を引き出す

医療心理学では主として医療現場での実践知を養う。患者の心理やストレスマネジメント、メンタルヘルスなどを学び、治癒へのモチベーションを高める。

見守る側のケアにも注意を払う。

Chapter 1-39

心理学のさらなる領域
性心理学

解説 人間の性について心理学、精神医学的見地から研究する学問。性行動の問題や、性同一性障害などの問題からの「不適応」に対処する。

トリセツのヒント 性の多様性を認め、多くの人が生きやすい世の中をつくるための理解を深める。

LGBTを巡る社会の変化

LGBTはレズビアン（L）、ゲイ（G）、両性愛のバイセクシュアル（B）、心と体の性が一致しないトランスジェンダー（T）の総称。電通総研の2015年の調べによると、日本の人口の7.6％がLGBTであるといわれている。プロスポーツ選手や世界有数の企業のCEOが同性愛者であることをカミングアウトするケースも増えている。

> 欧米諸国を中心に同性婚を認める法律が制定され、日本でも渋谷区、世田谷区で同性パートナーを認定している。

Chapter 1-40

心理学のさらなる領域
政治心理学

解説 選挙や世論操作、外交などの政治活動における為政者と大衆の心理を研究、分析する学問。

トリセツのヒント 政府、マスコミなどの権力が流す情報に対して、リテラシーを高める。

集団心理と斉一性の原理

集団心理とは、社会を構成する集団が特定の時流に流されることをいう。集団心理が生まれる原因のひとつが「仮想敵」。自身が所属する集団において敵対する勢力が出現したとき、人はまとまりやすくなる。また、斉一性の原理とは、ある集団が異論や反論などを許さなくなり、特定の方向に進んでいくこと。全会一致で意思決定したときに起きやすくなる。人が集団になったときの心理には注意が必要だ。

「権威が好き」「真実を求めたがる」など、人の持つ性質を利用して大衆操作をする場合もある。

Chapter 1-41

心理学のさらなる領域
経済心理学

解説 経済活動の心理学的側面を研究、分析する学問。行動経済学とも対をなし、人間の経済活動において、どんな心理が働き、どんな行動が生まれるかを研究する。

トリセツのヒント 人の経済活動の心理を知れば、市場を制すことができる！？

プロスペクト理論

プロスペクト理論は、ノーベル経済学賞を受賞したアメリカの心理学者・行動経済学者ダニエル・カーネマンが提唱した、意思決定理論。以下のような実験で説明できる。

Q1.以下の条件であなたにお金をあげましょう。

①無条件で100万円
②コイントスして、表なら200万円、裏なら0円

Q2.以下の条件でお金をあげましょう。ただしあなたは200万円の借金を抱えています。

①無条件で借金100万円減額
②コイントスして、表なら借金チャラ、裏なら借金200万円変わらず。

Q1の場合、ほとんどの人が堅実な選択として、①を選ぶ。それがQ2の場合、①なら確実に借金を減らせるにもかかわらず、ほとんどの人が賭けに出て②を選ぶという。人は「利益が手に入るときは、手に入らないリスクを回避し、損失を目の前にしたら損失そのものを回避しようとする傾向がある」という。人は利益より損失に敏感なのだ。これを損失回避の法則という。

人の心をつかんで、ビジネスの達人に

経済心理学（≒行動経済学）的視点から提唱されているマーケティング理論を紹介しよう。以下4種の効果を知っておくと仕事のときに役に立つ。

★ フレーミング効果
物事のどの部分（フレーム）を基準にするかで、人の判断を変えることができる。たとえば、「100人中90人が成功しました」と「100人中10人が失敗しました」というのは同じ結果だが印象が違う。ネガティブな言葉ではなく、ポジティブな言葉に人は魅かれやすい。

★ フォン・レストルフ効果
ドイツの心理学者フォン・レストルフが提唱した。人は好みに関係なく場違いで目立つものほど記憶してしまうという。孤立効果とも呼ばれ、品質に関係なく周りから「浮く」ことで印象づけができる。最初はいいが、長いお付き合いができるかは不明……。

★ アンカリング効果
何かを判断するとき、人は最初に提示されたものや特徴的なものの情報に影響を受けてしまう。「通常は70,000円のところ、特別価格45,000円。さらに本日限り30,000円でご提供します！」という通販によくあるトークは、まさにアンカリング効果の典型例。

★ ツァイガルニク効果
ロシアの心理学者ツァイガルニクが提唱した。人は達成した出来事より、未達成な出来事や中断したことほど記憶しているという。ドラマなどで「いいところで終わった！」というのは印象づけるためのよき方法なのかもしれない。

Chapter 1-42

心理学のさらなる領域
空間心理学

解説 人にとっての快適な空間、ストレスフルな空間など、人の心と空間を対象に心理学的研究、分析を行う。

トリセツのヒント 人間関係をより円滑にするための、人との適切な距離感や、家庭や会社での環境づくりのヒントが得られる。

男はなぜ右に立つのか？

パーソナルスペース（P222参照）や温度と湿度が及ぼす心理的変化（P228参照）といったように、空間によって人の心は変化する。また、男女が歩くとき知らず知らずのうちに男性が右側にいないだろうか？ 認知心理学の研究では、相手に頼りたい場合、人は「左側」に位置したいのだそうだ。なお、頼み事をしたいときは、右耳に話すとよいという説もある。

人は左回りのほうが動きやすいという性質をもつ。理由については、心臓の位置や利き足など諸説ある。お店の動線を気にしてみてほしい。

Chapter 1-43

心理学のさらなる領域
軍事心理学

解説 軍事的な活動における人の心理と、心理的な問題への対処法を研究する学問。戦場心理学、国防心理学などの派生学問もある。

トリセツのヒント 軍人としての適性を判断することや、戦場から帰ってきた兵士のPTSDなど心の後遺症をケアすることなど、活用分野は多岐にわたる。

やはり人は、人を殺せない

『戦争における「人殺し」の心理学』（デーヴ・グロスマン）によると、戦場での兵士の90％以上が、敵に対して意図的に狙いを外していたという。戦争という異常事態でも多くの人が、他人を殺すことができない。それだけに相手を殺める、またはそれを目撃した兵士たちがPTSD（P270参照）となったのだろう。

戦争は異常な状態だが、人は正常のままでいられるのだ。

Chapter 1-44

心理学のさらなる領域
異常心理学

解説 人の行動の異常を研究する心理学。

トリセツのヒント 正常と異常の境界線はいまだはっきりしていないが、一般的といえる4タイプの基準を紹介する。

正常と異常は紙一重

正常と異常の境界線となる基準は、①適応的基準、②価値的基準、③統計的基準、④病理的基準があるといわれている。とはいえ、右の4種の基準をみると、ますます正常と異常の違いがあいまいなことがわかる。

潔癖症ときれい好きも紙一重。誰しもが少なからず異常性をもつのではないだろうか。

①適応的基準

自分が所属する社会や集団に適応できているか。なじめずに悩んでいれば異常、悩んでいなければ異常ではないと考える。社会や集団が異常というケースもあり、その線引きは難しい。

②価値的基準

所属する社会や集団が考える「守るべきルール」から逸脱することを悪いと思っている場合は正常。関係ないと考えるならば異常。「人のモノを盗んではいけない」「相手を傷つけてはいけない」などのルールを守るかどうかということだ。

③統計的基準

所属する社会や集団の平均的な思考や行動から逸脱しているかどうかを基準とする。知能検査などで平均的な数値であれば正常、離れているようだと異常と考える。

④病理的基準

病理的、医学的見地から「異常」と判断されれば異常、そうではないとされれば正常。医師の判断によるということだ。

人物紹介

プラトン
Plato
BC427 - BC347

心とからだは別々である

古代ギリシアの哲学者。ソクラテスの弟子で、アリストテレスの師。『ソクラテスの弁明』『国家』『饗宴』などの著書がある。人間の心とからだを分ける心身二元論を提唱した。からだは滅びても魂は永遠に不滅だと説いた。

アリストテレス
Aristotle
BC384 - BC322

心とからだはひとつである

プラトンの弟子であり、古代ギリシアの哲学者。多岐にわたる研究から「万学の祖」と呼ばれる。人の心について研究した『霊魂論』は世界初の心理学書ともいわれる。アリストテレスは霊魂とからだは分離できない一元的なものと考えた。

ルネ・デカルト
René Descartes
1596 - 1650

我思う、ゆえに我あり

フランスの哲学者、自然科学者、数学者。ヨーロッパを旅してまわり、ドイツ、オランダで学問の研究を行う。主著『方法序説』は、哲学史・思想史上重要な意義を持つ著作とされる。肉体と精神はまったく違うとする心身二元論を提唱。

イマヌエル・カント
Immanuel Kant
1724 - 1804

「認識」について、コペルニクス的転回を！

ドイツの哲学者。『純粋理性批判』『実践理性批判』『判断力批判』の三批判書を発表し、批判哲学を提唱した。カントの認識論では「人はモノをありのまま認識することはできず、モノが認識に従う」とし、それまでの認識論における客観主義的な考えを180度変えた。このように物事の見方を180度変えることを、カントの言葉から「コペルニクス的転回」という。

理性的なものこそ現実的、現実的なものこそ理性的

ゲオルク・ヴィルヘルム・フリードリヒ・ヘーゲル

Georg Wilhelm Friedrich Hegel

1770 – 1831

ドイツの哲学者。カントに始まった「ドイツ観念論」を完成させた。精神的なものや非物質的なものが世界の根源とし、物質的なものは二次的なものとする考えを提唱し、現代哲学の源流をつくった。代表作は『精神現象学』。

知識は力なり!

フランシス・ベーコン

Francis Bacon

1561 – 1626

イギリスの哲学者、神学者、政治家、法律家。人間の知識は経験に由来するという「経験論」を提唱した。客観的な観察と実験により心をとらえるという視点に立ち、心とは経験によって知識が記録されていくものとした。なお、嘘か真実か、シェイクスピアはベーコンのペンネームという説まである。

ジョン・ロック

John Locke

1632 – 1704

心は白紙。経験により人は人になる

イギリスの哲学者。ロックの認識論では「人の心は白紙（ラテン語でタブラ・ラーサ）であり、経験を積み重ねる中でさまざまな事柄が記される」とした。また、王権神授説を否定し、フランス革命やアメリカ独立宣言にも大きな影響を与えた思想家である。

ヴィルヘルム・ヴント

Wilhelm Maximilian Wundt

1832 - 1920

心はさまざまな要素の集まりである

ドイツの心理学者、生理学者。現代心理学の父とも呼ばれる。1879年、ドイツ・ライプチヒ大学において、世界初の心理学実験室を創設したことから、心理学史ではこのときをもって学問分野としての心理学が生まれたとしている。その後、ヴントの考えに反論するゲシュタルト心理学の台頭など、多くの学説により心理学は発展していく。

第2章
心とからだ、脳の関係

「心はどこにあるのか?」を考えたとき、心とからだ、脳の関係について触れざるを得ないだろう。本章では、人の感覚や知覚はいったいどんなメカニズムから生まれてくるのか、人間が人間らしくあるためには脳のどこが作用しているのかなどを解説。人がいつも正確に情報を知覚していないことに気づくと、いっそう人の心理がおもしろくなるはずだ。

Chapter 2-1	感覚と知覚	Chapter 2-8	味覚
Chapter 2-2	心と脳	Chapter 2-9	末梢神経と中枢神経
Chapter 2-3	知覚の種類	Chapter 2-10	大脳皮質
Chapter 2-4	視覚	Chapter 2-11	脳損傷と失語
Chapter 2-5	聴覚	Chapter 2-12	錯視
Chapter 2-6	触覚	Chapter 2-13	感覚と順応
Chapter 2-7	嗅覚	Chapter 2-14	アフォーダンス理論

Chapter 2-1

感覚と知覚

解説 人は音や匂いなど、外からの情報をキャッチし、さまざまなことを判断している。感覚とは「あ、なにか音がする」、知覚とは「あ、私の名前が聞こえる」ということである。

トリセツのヒント ふだん意識しない自分自身の感覚と知覚に意識的になり、五感を研ぎ澄ませると、危険を察知したり、チャンスに敏感になれる。

感覚と知覚の違い

人は、日常にあるさまざまな情報（音やにおい、味、色など）を感じ、感じた情報からそれが何なのかを認識している。

感覚 情報をキャッチする

感覚とは、目・鼻・口などの感覚器官からの情報が脳に伝えられ、感じられること。

「なんだ、このにおいは?」「なんだ、あれは?」というものが感覚。

知覚 キャッチした情報を認識

知覚は、脳に届いた情報から形や大きさ、内容を引き出して、物事を認識すること。

「カレーのにおいだな」「あ、あれは、100万円の札束ではないか!」と、それが何なのかをつかむのが知覚。

記憶、思考、学習、経験から情報処理

感覚と知覚は初期的な情報処理。これに対し、記憶、思考、学習はより高度な情報処理である。心理学ではそれらもあわせて研究し、人の心のメカニズムを解明する。また、人は物事を一連の流れで記憶するという。たとえば、お店に入ったとき「座る、メニューを見る、注文する、食べる、支払う」という流れを知っているから、初めての店でも戸惑うことはない。このように物事を流れで記憶することを心理学では「スキーマ」という。

過去の経験や推論をもとにした情報処理をする

ex.いいにおいがする料理

ex.人相の悪い人を見て

何か嫌な予感がする

人は経験や推論も交えながら「これは〇〇ではないか」と情報を処理している。「このいいにおいは、オフクロが作った味噌汁ではないか！ それならうまいに違いない」だとか「どうもこの手の人相の人にはろくな奴がいない。嫌な予感がするな」といった気持ちは、そうした心の働きから生まれる。とくに嗅覚から記憶は呼び起されやすい。それは「嗅覚野」が記憶を司る脳の部位「海馬」に近い場所に位置しているからだとされている。

Chapter 2-2

心と脳

解説 感覚は目や耳などの感覚器官から入った外界の刺激が末梢神経を通じて中枢神経に伝わり、脳で情報処理される。そこで初めて「痛い」「まぶしい」「おいしい」というような感覚が生まれるのだ。

トリセツのヒント 脳の構造を知ると問題解決のヒントが得られる。

五感を知る

人の感覚には、視覚、聴覚、嗅覚、触覚、味覚の5種類がある。これを最初に分類したのは古代ギリシアの哲学者アリストテレスだ。これらの感覚は、それぞれの器官からの刺激が電気信号に変換され、中枢神経に伝わることから生じる。

五感はアリストテレスが分類したとされる。

Chapter 2-3

知覚の種類

解説 感覚から得た情報をまとまりのある形としてとらえるのが知覚。音声や文字、単語、色、事象、空間、社会的知覚などの種類がある。

トリセツのヒント 単なる人の声を言葉と知覚できるように、知覚を磨くことによって、より人間らしい行動ができるようになる。

さまざまな知覚

なぜ、人は単なる音を「日本語だな、英語だな」と知覚できるのだろう? それは学習や経験による。赤ちゃんは生まれて半年から1年の間に母語に合った知覚が形成されるという。あるモノを「〇〇」と認識するには、経験が重要になる。

THE CAT
『心理学』(有斐閣双書)より

上の言葉は「THE CAT」と読める。しかしよく見ると2文字目と5文字目は同じ形なのに、かたやH、かたやAに見えたことがわかる。学習がいかに知覚に作用するかの例である。

Chapter 2-4

視覚

解説 モノを見る感覚。視力、視野、光覚、色覚、両眼視、運動視などを含む。五感のうちでもっとも発達している感覚。

トリセツのヒント モノが見える原理を知ろう。視覚に関する錯覚「錯視（P90参照）」をみると、視覚の不確かさにも気づくことができる。

モノが見える仕組み

網膜に光が当たると視細胞がその刺激をキャッチ。電気信号に変換され、視神経を通して大脳の視覚野に伝えられると、モノの色や形を認識できる。右視野の情報は左脳の視覚野へ、左視野の情報は、右脳の視覚野に伝達される。左右の目に映る異なる像を脳が統合することでモノが立体に見えるのだ。

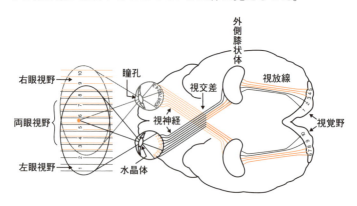

Chapter 2-5

聴覚

解説 モノを聞き取る感覚。空気の振動によって生まれる音波を感じ取る。大脳の聴覚野は音源の方向や距離も特定する。

トリセツのヒント 人がどのように音を知覚しているのか、その原理を知ろう。老化とともに聞こえてくる音が変わる。

大人になると聞こえなくなる音

人が聞き取れる周波数（1秒間の振動数）は20〜20000ヘルツといわれ、日常会話だとだいたい500〜5000ヘルツ。年をとるにつれて可聴域が狭まっていくため、高周波が聞き取りづらくなる。モスキート音と呼ばれる17000ヘルツの高周波が聞こえるのは20代前半までといわれている。

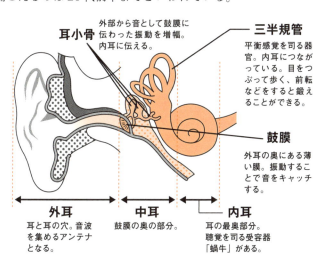

耳小骨 外部から音として鼓膜に伝わった振動を増幅。内耳に伝える。

三半規管 平衡感覚を司る器官。内耳につながっている。目をつぶって歩く、前転などをすると鍛えることができる。

鼓膜 外耳の奥にある薄い膜。振動することで音をキャッチする。

外耳 耳と耳の穴。音波を集めるアンテナとなる。

中耳 鼓膜の奥の部分。

内耳 耳の最奥部分。聴覚を司る受容器「蝸牛」がある。

Chapter 2-6

触覚

解説 触ったり、触られたりしたときに、モノを認識する感覚。P40の「感覚のホムンクルス」をみると、からだのどの部分が敏感かわかる。

トリセツのヒント モノに触れたとき、人はどういう経路でそれを認識するのか、その原理を知ろう。どこが一番敏感だろうか？

皮膚の下は、さまざまな受容器でいっぱい

触覚には痛みを感じる痛覚、温度を感じる温覚と冷覚、圧迫を感じる圧覚などがある。触覚にはさまざまな受容器があり、皮膚やその下に分布している。受容器で受け取った情報は、大脳にある体性感覚野で受け取る。体性感覚野は手と顔からの情報をより感知するように発達している。

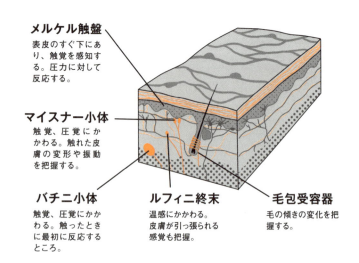

メルケル触盤
表皮のすぐ下にあり、触覚を感知する。圧力に対して反応する。

マイスナー小体
触覚、圧覚にかかわる。触れた皮膚の変形や振動を把握する。

パチニ小体
触覚、圧覚にかかわる。触ったときに最初に反応するところ。

ルフィニ終末
温感にかかわる。皮膚が引っ張られる感覚も把握。

毛包受容器
毛の傾きの変化を把握する。

Chapter 2-7

嗅覚

解説 においを感じる感覚。化学物質を受容器が受け取り、大脳の嗅覚野が認識すると、嫌なにおいや良いにおいというのがわかるようになっている。

トリセツのヒント 良い香りや嫌なにおいは約40万種類あるという。これらが混ざって鼻に入るとき、人はどういう経路でそれを認識し、判断するのか。

嗅覚は生死を分ける!?

においが鼻の中に入ってくると鼻細胞が情報をキャッチ、電気信号に置きかえて大脳の嗅覚野に送られ、においを感じる。嗅覚は食べ物が腐っていないか、口に入れられるかを判断するため、人の生死を分ける感覚といえる。

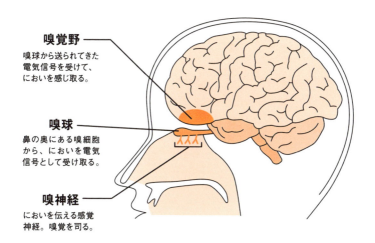

嗅覚野
嗅球から送られてきた電気信号を受け取って、においを感じ取る。

嗅球
鼻の奥にある嗅細胞から、においを電気信号として受け取る。

嗅神経
においを伝える感覚神経。嗅覚を司る。

Chapter 2-8

味覚

解説 主に甘味、酸味、塩味、苦味、うま味を認識する感覚。

トリセツのヒント 味覚も嗅覚同様、化学物質を受容器が受け取ったとき（口に入れたとき）に、それがどんな味かを認識する感覚。

「味覚帯」は嘘か本当か？

イラストのように舌の場所により、担当する味覚があるとする「味覚帯」の説を、1942年アメリカの心理学者ボーリングが提唱し、広く世の中に知られていた。しかし現在ではこれは誤りであると言われている。複数の味を感じる味蕾は、舌全体にあるというのが新常識となっているようだ。

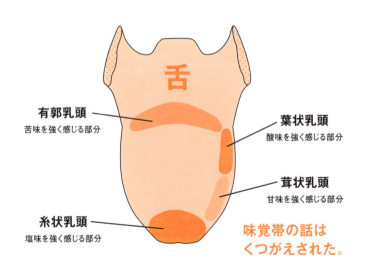

有郭乳頭
苦味を強く感じる部分

葉状乳頭
酸味を強く感じる部分

茸状乳頭
甘味を強く感じる部分

糸状乳頭
塩味を強く感じる部分

味覚帯の話はくつがえされた。

Chapter 2-9

末梢神経と中枢神経

解説 視覚、聴覚、嗅覚、触覚、味覚がどのように脳に伝わるか。末梢神経と中枢神経がカギを握る。

トリセツのヒント 刺激から電気信号を経てどのように感覚になるのかを知る。

多様な情報処理を経て、はじめて感覚が生まれる

各受容器で得られた刺激は、電気信号に変換される。この電気信号はからだ全体に張り巡らされた末梢神経を通じて、脳や脊髄で構成される中枢神経に伝わり、情報処理される仕組みになっている。目で見たままを認識しているのではなく、さまざまな経路をたどり、情報処理されて、初めて感覚が生まれるわけだ。

脳
末梢神経から送られてくる電気信号を処理して、感覚を生み出す。そして全身へ命令を出す。

脊髄
感覚と運動の刺激を伝達し、反射機能をもつ。刺激を受けたとき、脊髄で反応することを脊髄反射という。

末梢神経
感覚刺激などの情報をキャッチして中枢神経に伝える。中枢神経からの命令を身体の各所に伝える役割も。

Chapter 2-10

大脳皮質

解説 人間において著しく発達している脳の領域が「大脳皮質」である。大脳皮質が人間らしさを生んでいる。

トリセツのヒント 情動や感動をコントロールするのが大脳皮質。脳科学も合わせて知ると、より心についてくわしくなれる。

脳全体の約80％を占める大脳

脳の表面は厚さ2～3ミリの大脳皮質に覆われて、約140億個の神経細胞をもつ。この大脳皮質が記憶や思考、感情など人間の心を司る。

前頭葉
思考や判断、計算を司る。

大脳新皮質
理性、理論を司る。大脳の表面にある薄い膜。大脳皮質は、他に古皮質、原皮質とがある。他の動物に比べ、人がとくに発達しているのが大脳新皮質。

後頭葉
痛みや温度、視力などの痛覚、温覚、視覚を司る。

側頭葉
聴覚、言語、記憶などを支配している。

脳幹
間脳、中脳、橋、延髄からなり、人間の基本的な生命現象を維持する。「命の座」とも呼ばれる。

小脳
大脳からの運動指令を調整して、からだの各部分に伝達したり、歩く、立つなどのバランス感覚を保つ役割をもつ。

機能局在論

機能局在論とは脳（特に大脳皮質）が各部位ごとに異なった機能をもっているという説。右脳は直感的・空間的な機能をもつ。左脳は理性的・論理的な機能をもつ。

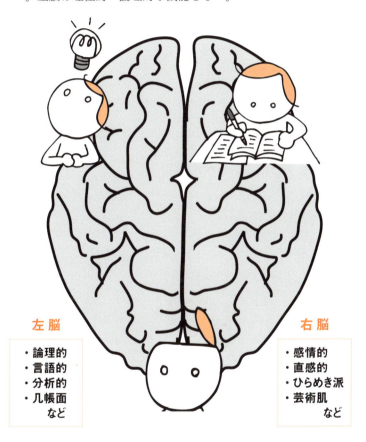

左脳
- 論理的
- 言語的
- 分析的
- 几帳面
  　など

右脳
- 感情的
- 直感的
- ひらめき派
- 芸術肌
  　など

日本人の多くが血液型性格判断が好きなように、左脳人間、右脳人間というカテゴライズも一種のタイプ論ともいえる。しかし、たしかに左ページにあるように脳は部位ごとに役割があるため、一概に的外れともいえないだろう。

Chapter 2-11

脳損傷と失語

解説 脳梗塞などで脳の中枢（言語野）が損傷を受けた場合、失語症になるケースがあるという。脳が損傷を受けた場合、どのようなことが起きてしまうのかを解説する。

トリセツのヒント 脳損傷と記憶、脳損傷と認知症の関係についての理解を深めよう。

海馬を失った、てんかん患者

1950年代のアメリカにおいて、てんかんによる突発的なけいれんの原因が、脳の「海馬」にあると考え、切除手術を行った事例がある。手術の結果、患者はけいれんを起こす回数が激減したが、それと引き換えに記憶を形成する能力を失ってしまったという。

新しい記憶は海馬に、古い記憶は大脳皮質に貯蔵されるといわれている。海馬は強いストレスによっても機能不全を起こすような繊細な部位。PTSDなどで記憶障害が出てしまうのはそのためである。

脳障害と認知症

85歳以上の高齢者のうち約4人に1人が認知症になる時代だ。認知症は、脳細胞が死滅したり、衰えることから発症するケースと脳損傷が引き金になるケースとがある。

★ アルツハイマー病など：脳が萎縮

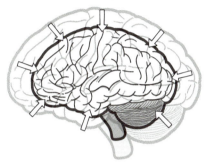

脳神経細胞が死滅していき、脳が萎縮するために起こる。症状に気づいたときにはかなり進行している。認知症の方の約6割がアルツハイマー型である。

アルツハイマー病など

★ 脳血管性認知症：脳の一部が損傷

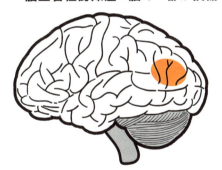

脳梗塞や脳溢血などによる脳の損傷により脳細胞の一部の血液が不足して起きる。手足や視力などの神経障害、失語症などの障害も出てくる。損傷した脳の箇所により、症状に違いがある。

脳血管性認知症

一般的な物忘れは「物忘れしたことを自覚できる」「経験の一部を忘れる」という特徴がある一方、認知症の場合は「物忘れしたことを自覚できない」「経験のすべてを忘れる」といった違いがある。

錯視

解説 視覚から入った情報を間違って認識してしまうことを錯視という。人は情報をいつも正確に知覚しているわけではないことを、錯視を知ることで理解できる。

トリセツのヒント 実際に見ているものに対し、人がじつにいい加減（？）に知覚していることがわかると、他のものを見るときの心構えも変わるだろう。

大脳の癖が生み出す錯視

私たちが見ていると思っているのは、目や耳などの感覚器官でとらえた刺激を大脳が知覚したものである。大脳は、物体をまとまった形（パターン）でとらえる癖があるので、本来のものとのズレ（錯視）が起きてしまう。

★ミュラー・リヤーの錯視

直線は同じ長さにもかかわらず、両端に違った向きの線を加えると、下のほうが長く見えてしまう。

上部で交わる2本の線の間に平行の線を描いてみる。同じ長さなのに、上のほうが長く見える。遠近感が影響しているという。

★ ツェルナーの錯視

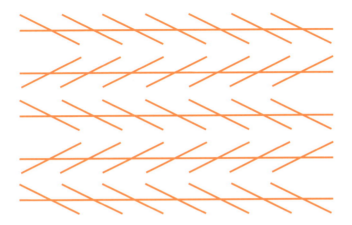

すべての直線は平行なのに、短い斜線を引くと傾いて見えてしまう。

★ ポッゲンドルフの錯視

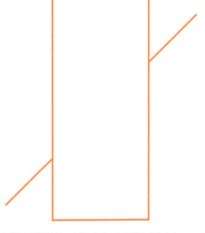

斜線の中間部を別の図形(この場合長方形)で隠すと、つながっているはずの斜線がずれて見えてしまう。

★ エビングハウスの錯視

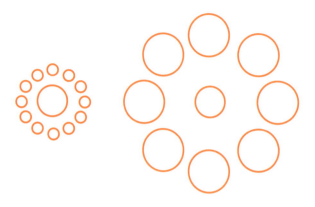

同じ大きさの円なのに、小さい円に囲まれると大きく見え、大きい円に囲まれると小さく見える(錯視だけでなく心理的錯覚の示唆に富む結果といえそうだ)。

★ ヘルマンの格子錯視

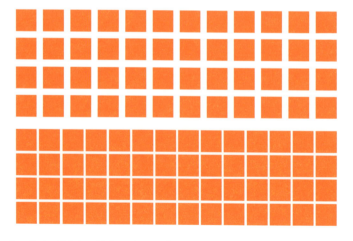

白いラインが交わる部分に、あるはずのない点が見える。注視した点でなく、周囲に見えるのがおもしろい。

★ フレーザーの図形の錯視

指でなぞってみるとわかるのだが、渦巻きに見える曲線は、じつは同心円である。

★ ミュンスターバーグの錯視

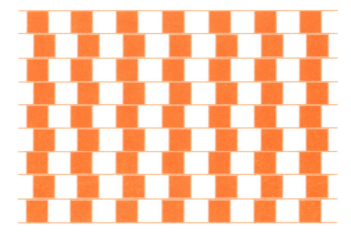

平行線の上下に同じ色の正方形を少しずらして置いてみると、線が傾いて見える。

Chapter 2-13

感覚と順応

解説 人の感覚は刺激に慣れてしまったり、ある環境下だとうまく機能しないなどの影響を受ける。

トリセツのヒント つらいことも慣れてしまえば乗り越えられる(?)と思えれば心も多少軽くなる。しかし、あまりの我慢は心の病を生んでしまうから注意も必要だ。

熱湯も慣れればなんてことない!?

刺激も同程度のものが続くと、感受性が鈍くなり、慣れてくる。熱い風呂に慣れてしまうような現象を順応という。

暗い部屋でも目が慣れる、他人の家や店のにおいが最初は気になるが慣れてしまうというのも順応のひとつ。

★ マスキング

ある刺激が別の刺激によってかき消されてしまうこと。お腹が痛かったのに、小指を打ったら忘れてしまったなど。

★ カクテルパーティー効果

気になる音に人は敏感。雑音があってもそこに意識を向けると聞こえてくる。

Chapter 2-14

アフォーダンス理論

解説 従来の知覚理論では「目の前の物体をそのまま事実として知覚する」と考えたが、アメリカの心理学者ギブソンは「人は対象となるものがどんな価値を与えてくれる(afford)かを知覚する」とした。

トリセツのヒント 「これはいったい何を与えてくれるモノか?」というアフォーダンスの視点は、デザインなどのモノづくりの現場で活きている。

押してみるべきか、引いてみるべきか?

たとえば、ドアノブがあれば「このドアは引くか、押すかすればいい」というのがひとめでわかる。ノブがあるのに横に引かないと開かないようなドアをつくると、人の知覚は混乱してしまうだろう。

使いやすさとは何かを考えるときに役に立つ理論。

人物紹介

ジグムント・フロイト
Sigmund Freud
1856 - 1939

心は意識と前意識、無意識に分けられる

オーストリアの精神分析学者・精神科医。精神分析の創始者。17歳でウィーン大学医学部に入学し、神経生理学を研究する。その後フランス留学で出会った神経学の権威シャルコーによる催眠術の実践を通じて、人間の無意識の存在を確信し、精神分析の手法を発展させた。1900年、フロイトの代表的著作『夢判断』が出版されたが、出版後6年でわずか315部しか売れなかったという。また、かなりのヘビースモーカーだった。

カール・グスタフ・ユング
Carl Gustav Jung
1875 - 1961

私たちは人類共通の無意識をもつ

スイスの精神科医・心理学者。深層心理について研究し、通称「ユング心理学」と呼ばれる分析心理学の理論を作った。ユング心理学は、個人の意識・無意識の分析をする点でフロイトの精神分析と共通しているが、人間の無意識の奥底には個人を超えた、人類共通の無意識といえる「集合的無意識」があると提唱した。

客観的にわかる行動が心を知る手がかりだ

ジョン・ワトソン
John Watson
1878 – 1958

アメリカの心理学者。行動主義心理学の創始者。ヴントの流れを組むドイツの実験心理学に対して、刺激や反応などより行動的な着眼点から心理学を研究した。なお心理学の学会で要職を務めた後、ビジネス界に転身した経歴ももつ。

心の欲求を追求することは、人間成長につながる

アブラハム・ハロルド・マズロー
Abraham Harold Maslow
1908- 1970

アメリカの心理学者。人間性心理学を提唱した。人間性心理学とは、精神分析と行動主義心理学の間の「第三の勢力」として、心の健康についての心理学を目指したもの。マズローは特に人間の欲求の階層を主張した研究が有名(P27参照)。

イワン・ペトローヴィチ・パブロフ

Ivan Petrovich Pavlov

1849 – 1936

犬も人も生物。条件反射してしかるべき

ロシアの生理学者。いわゆるパブロフの犬の実験で「古典的条件づけ」を提唱した。外科医から生理学者に転身し、条件反射を研究して大脳の生理学に新たな道筋をつけた。『大脳半球の働きについて』という講義録が現在も読める。

エドガー・ジョン・ルビン

Edgar John Rubin

1886 – 1951

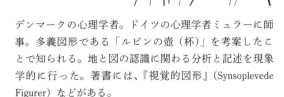

主観的認識が世界をつくる

デンマークの心理学者。ドイツの心理学者ミュラーに師事。多義図形である「ルビンの壺（杯）」を考案したことで知られる。地と図の認識に関わる分析と記述を現象学的に行った。著書には、『視覚的図形』（Synsoplevede Figurer）などがある。

ヘルマン・エビングハウス

Hermann Ebbinghaus
1850 – 1909

時間経過と忘却は相関関係にある

ドイツの心理学者。記憶の実験的研究のパイオニアで、フェヒナーの精神物理学から影響を受けた。「忘却曲線」で知られる。学習曲線を描いた最初の心理学者である。眼の錯覚の発見でも知られ、エビングハウス錯視は彼の功績にちなんで名づけられた。

ハインツ・コフート

Heinz Kohut
1913 - 1981

ありのままの自分を愛せるか？

オーストリア出身の精神科医・精神分析学者。精神分析的自己心理学を提唱し、また自己愛性パーソナリティ障害研究のパイオニアとして知られる。1968年に発表された論文「自己愛性パーソナリティ障害の精神分析的治療」は自己心理学の理論的な先駆けとなり、その後『自己の分析』として書籍化された。

第3章
自分を知るためのヒント

社会に適応していくには、まず「自分自身」を知ることから始めよう。感情や情動はどう生まれてくるのか、性格の類型・特性、コンプレックスについて自覚的になれたら、今よりさらに生きやすくなるはずだ。また、生まれてから死ぬまでに人はどんな発達をし、危機に見舞われるのかを事前に知っておくことで、困難も乗り越えられる。

Chapter 3-1	感情と情動	Chapter 3-11	IQ（Intelligence Quotient）
Chapter 3-2	感情の発生プロセス	Chapter 3-12	EQ（Emotional Intelligence Quotient）
Chapter 3-3	性格と人格	Chapter 3-13	いろいろなコンプレックス
Chapter 3-4	性格の類型論・特性論	Chapter 3-14	劣等感と優越感
Chapter 3-5	クレッチマーとシェルドンの類型論	Chapter 3-15	ジョハリの窓
Chapter 3-6	ユングの類型論	Chapter 3-16	アイデンティティ
Chapter 3-7	性格の特性論	Chapter 3-17	中年期のアイデンティティの危機
Chapter 3-8	いろいろな性格テスト	Chapter 3-18	高齢期のアイデンティティ
Chapter 3-9	タイプAとタイプB	Chapter 3-19	死を受け入れる
Chapter 3-10	知能検査のいろいろ		

Chapter 3-1

第3章 自分を知るためのヒント

感情と情動

解説 人間は感情の生き物と呼ばれる。感情や情動は、人が生き延びるために不可欠となる行動を促すためにある。

トリセツのヒント 自身や相手の感情を理解することで、がぜん人生は生きやすくなる。悪いことが起きても別の感情で打ち消す！

感情と情動はわいては消える

情動と感情の違いはP38でも紹介したように、「原始的なものであるか（情動）」「人間特有のものであるか（感情）」の違い。感情と情動は、お互いに影響を受けるため、ある感情の後に、他の感情が芽生えると、前の感情を忘れてしまうことが多い。

★ 感情　　★ 情動

腹がなる、グー。「腹減ったな」冷静になる。

満腹。あれ、怒ってた理由なんだっけな？

感情はじつに単純なものだ。お腹がいっぱいになれば皆うれしい。怒っている人ほど食事に誘ってみては？

Chapter 3-2

感情の発生プロセス

解説 「泣くから悲しい」のか「悲しいから泣く」のか。感情が生まれるプロセスには、ふたつの説がある。

トリセツのヒント ジェームズ・ランゲ説を応用すれば、悲しいことも乗り越えられる!? つらいときこそ、笑おう。

キャノン・バード説とジェームズ・ランゲ説

キャノン・バード説は、まず「悲しい」という感情があり、ついで涙が出るという生理的反応が起きるという説。一方、ジェームズ・ランゲ説は「泣いている」自分を感じるから「悲しい」という感情が起きてくるとする考え。近年では、ジェームズ・ランゲ説を応用し、泣けてくるときにこそあえて笑顔をつくると、大脳が「楽しい」と勘違いして、心が軽くなるという方法（表情フィードバック仮説）も台頭している。

ジェームズいわく
「泣いている」自分を感じるから「悲しい」という感情が起きてくる。生理的反応が感情に優先する。

キャノンいわく
「悲しい」と感じるから「泣く」という生理的反応が起きる。

一流アスリートは笑いながら走ったり、プレイすることで成績が向上するという説もある。

性格と人格

解説 心理学では、人格は知性、感情、意思のすべてを内包するものと考え、性格は人格のなかの感情と意思の部分を指す。

トリセツのヒント 性格・人格が先天的なものか、後天的なものかを知れば、自分の嫌な（？）性格も変えることができる。

キャラクターとパーソナリティ

性格はさらに「キャラクター」と「パーソナリティ」のふたつに分かれる。キャラクターは生まれつき、または遺伝的に受け継いだ性格。パーソナリティは成長過程において外部からの刺激を受け完成した後天的性格。後天的性格なら変えることができる！

キャラクター
刻み付けられたものという意味で、生まれつきの性格。

パーソナリティ
仮面という意味で、成長過程で身につけた後天的な性格。これは変えられる。

Chapter 3-4

性格の類型論・特性論

解説 心理学的に性格を知るためのアプローチはふたつ。性格の類型論と特性論だ。クレッチマーやユング、シェルドンなど、代表例を紹介する。

トリセツのヒント 自分や相手の性格を外見から見定めたい。そんなとき役に立つのが性格の類型論。

いくつかの典型的なタイプに性格を当てはめる

まずひとつが性格の類型論。これは体型などからおおらかなタイプ、しつこそうなタイプなど典型的な性格に当てはめていく理論。一方、攻撃性5、感情性3といったようにいくつかの特性の強弱から性格をみる特性論もある。類型論はクレッチマーの類型論（P106参照）、シェルドンの類型論（P106参照）、ユングの類型論（P108参照）などが有名。

特性論にはキャッテル、オルポート、ビッグファイブ理論（P111参照）などがある。類型論も特性論もそれぞれ長所と短所があるので、あくまで性格分析の参考と考えよう。

ダイエットして体型が変われば性格が変わるわけではない。しかし「心が変われば行動が、行動が変われば習慣が、習慣が変われば人格が、人格が変われば運命が、運命が変われば人生が変わる」という名言もまた真理である。

クレッチマーとシェルドンの類型論

解説 ドイツの精神医学者クレッチマー、アメリカの心理学者シェルドンが提唱した理論。体格と性格には相関関係があることに注目し、気質を3タイプに分類した。

トリセツのヒント 目に見える体格の特徴を手掛かりに、目には見えない人の性格を類推しよう。ふたりの類型論はとても似ている。

性格と体格には一定の相関関係がある

ドイツの精神医学者クレッチマーは、多くの精神病患者を診察する中で、体格と性格（気質）に一定の相関関係があることに気づいた。気質には3種のタイプがあり、それぞれの気質が特定の体格や精神病と関連していると考えた。

クレッチマー
肥満型

温厚で社交的だが、陽気と陰気が交互に見られ、気分にムラがある。躁うつ気質。

シェルドン
内胚葉型

温和でのんびり屋。社交的だが気分にムラがある。クレッチマーの肥満型（躁うつ気質）に当たる。

クレッチマー
やせ型

控えめで真面目だが傷つきやすく、非社交的なところがある。統合失調気質。

シェルドン
外胚葉型

感受性が豊かだが身体が弱く、人付き合いが苦手なところも。クレッチマーのやせ型（統合失調気質）に当たる。

クレッチマー
筋肉質型

几帳面で忍耐強い。熱中しやすく、他人の意見を聞かないところがある。粘着気質。

シェルドン
中胚葉型

身体も自己主張も強く、活動的だが強引な面をもつ。クレッチマーの筋肉質型（粘着気質）に当たる。

4000人以上のデータをもとに気質を分類

シェルドンは、クレッチマーの類型論が精神病患者の観察に基づいており、観念的過ぎることを批判。正常な男子学生4000人の体型と気質のデータを集めた。胎児期の細胞のどの部位が発達しているかによって、人間の気質を内胚葉型・中胚葉型・外胚葉型の3種に分類した。

Chapter 3-6

ユングの類型論

解説 リビドー（心のエネルギー）が向かう方向によって性格を分類した、ユングが提唱した理論。

トリセツのヒント 心理的側面から性格を8種に分類することで、人の性格がより深く理解できる。

「内向的」「外交的」×「4種の機能」

ユングは、リビドー（心のエネルギー）が向かう方向によって、人間の気質を「内向型」「外向型」に分けた。さらに心の機能に注目し、思考型、感情型、感覚型、直感型に分類。これらを組み合わせ、人間の性格には8種のタイプがあるとした。

心のエネルギーの向かう方向

外向型
・心のエネルギーが周りや現実に向かう
・社交的で陽気
・他人の意見に流されやすい

内向型
・心のエネルギーが自分の内面に向かう
・自分の殻に閉じこもりがち
・他人の意見を聞き入れない

4種の機能

思考型
・考えることが得意
・物事を論理的にとらえる

感情型
・喜怒哀楽が激しい
・物事を好き嫌いで判断する

感覚型
・五感が鋭い
・物事を触感や嗅覚などでとらえる

直感型
・ひらめきを重視
・思い付きやインスピレーションで行動する

[思考型]

外向的
何事も客観的に考える。他人の考えでも良いと思えば受け入れる。常識的。

内向的
関心が内面に向かっている。自分の意見に固執しがち。理論的で頑固。

[感情型]

外向的
活発で感情が豊か。社交家だが深く考えないタイプ。流行に流されやすい。

内向的
感受性が強く、内面を充実させることを重視する。表面上は穏やかだが譲らない部分も。

[感覚型]

外向的
現実を受け入れる力があり、人生や生活を楽しむ快楽タイプ。享楽的な一面あり。

内向的
独自の感覚や感性を持っている。周囲の理解が得られなくて苦労するかも。

[直感型]

外向的
ひらめきを重視し、可能性を信じて追求していく冒険家タイプ。飽きっぽい側面もある。

内向的
夢見がちな詩人タイプ。まわりとの協調を考えず、ひらめきで行動する芸術家肌。

Chapter 3-7

性格の特性論

解説 人間のパーソナリティはいくつかの特性の集まりであると考え、それぞれの程度を数値化することで性格の全体像をとらえる。

トリセツのヒント 自分の性格特性のうち、どれが際立っているか調べてみよう。性格を知る手がかりになる。

類型論を補うかたちで考案された特性論

　類型論は、大まかなタイプをいくつか設定してさまざまな人間の性格を各タイプに当てはめて解釈するが、タイプの数に限りがあるので必ずしも特定のタイプに当てはまらないという問題があった。そこで、20世紀になって特性論が登場。特性論では、人間の性格は「攻撃性」や「勤勉性」などの特性の集合体であるとし、それぞれの特性の強弱を数値化して、性格の全体像をとらえようとする。

オルポート(アメリカの心理学者)
辞書の中から、性格を表している言葉を約18,000語抜き出し、性格の特性因子を抽出

キャッテル(イギリスの心理学者)
因子分析という手法を用いて、16の特性を抽出

知能・情感・自我強度・自己充足・支配性・衝動性・大胆さ・繊細さ・空想性・抗争性・不安の抑制・浮動的不安・公共心・猜疑心・狡猾さ・罪悪感

現代の定番「ビッグファイブ理論」

特性論では、どの特性をいくつピックアップするべきかという問題がある。これまでも、多くの学者によって特性の数や種類についてさまざまな主張がなされてきた。近年では、人間がもつさまざまな性格は5種の特性の組み合わせで表されるとする「ビッグファイブ理論」が主流となっている。

誠実性
- 向上心があって努力家かどうか
- まじめさがあるかどうか

情緒安定性
- 精神的にバランスが取れているか
- 気持ちが落ち着いているか

外向性
- 心のエネルギーが外に向いているかどうか
- 明るさ、活発さ　対人関係に積極的かどうか

開放性
- 新しい経験や知識に目が向いているか
- 好奇心が旺盛かどうか
- 独創性があるかどうか

協調性
- 周りに合わせて人間関係をうまくやっていけるかどうか
- 他人への優しさや思いやりがあるかどうか

5種類の特性因子の強弱で、パーソナリティをとらえる。

Chapter 3-8

いろいろな性格テスト

解説 性格テストとは、性格を診断したり、パーソナリティを判断したりするための心理検査のこと。主に質問紙法、投映法、作業検査法の3種に分類される。

トリセツのヒント 自分も知らない、無意識の自分の性格を知ることができる。企業の面接や人事評価にも使われている。

隠された性格を客観的に知るために

性格テストは、受ける人の性格が、どのようなものであるかを判断するために行われる。テスト以外には面接や行動観察といった方法があるが、これらは面接官や観察者の主観に左右されることも多い。そのため、客観的な判断がしやすい性格テストが開発された。

★ 質問紙法：例・矢田部ギルフォード性格検査（YGテスト）

矢田部ギルフォード性格検査では12の性格特性をもとにこれら特性のどれを強く持っているかを調べることで被検者が5つの類型のいずれかに近いかを判断する。

紙に書かれた質問に被検者が答え回答を数値化するが、意図的に嘘を答えられると意味をなさないという弱点がある。

矢田部ギルフォード性格検査
「決断力はあるほうだ」「悪口を言われると根に持つほうだ」などの質問に、「はい」「いいえ」「どちらでもない」の選択肢から答える。

★ 矢田部ギルフォード性格検査における性格特性

①抑うつ性	陰気、悲観的、罪悪感が強い
②回帰性傾向	気分の変化が激しい、驚きやすい
③劣等感の強弱	自信の有無、不適応感の強さ
④神経質	心配性、ノイローゼ傾向
⑤客観性欠如	空想的、主観性の強さ
⑥協調性欠如	不満の多さ、人への信頼感
⑦愛想が悪い	攻撃性、社会的活動性
⑧一般的活動性	活発な性質、運動好きか否か
⑨のんきさ	気軽さ、衝動性
⑩思考的外向	非熟慮性、反省的でない傾向
⑪支配性	指導力、リーダシップ
⑫社会的外向	対人関係の傾向

★ 投映法:例・ロールシャッハテストとバウムテスト

あいまいな質問や刺激を被検者に与えて、どのような答えや反応を返すかを分析する方法。被検者の意識されにくい側面が投映されるという考えに基づいている。答えを意図的に改ざんしにくいという利点があるが、解釈する人に技量が求められる。主に「ロールシャッハテスト」「バウムテスト」などがある。

★ ロールシャッハテスト
左右対称のインクのしみを見て、「何に見えるか」「どの部分がそう見えたか」「なぜそう見えたのか」を思いつくまま答えていく。

★ バウムテスト
樹木の絵を描かせて、その形から被検者の性格や心理を読み解く。幹が太いと自信がある証拠だという。

Chapter 3-9

タイプAとタイプB

解説 競争心が強く、攻撃的で怒りっぽい、せっかちである人の性格特性をさす。アメリカの医師フリードマンとローゼンマンが、このような性格の人々は心臓疾患にかかりやすいと考え、タイプAと名づけた。

トリセツのヒント 性格と特定の病気には関連性があることに注目しよう。あなたは大丈夫？ 周囲も見回して当てはまる人は適切に休ませよう。

心臓病にかかりやすいので注意!

フリードマンは、心臓病患者の待合室の椅子が前だけ早く擦り切れてしまうことに注目。観察の結果、心臓病患者はすぐに立ち上がれるように椅子に浅く腰掛け、イライラした様子で待っていたことから椅子の前が早く擦り切れることに気づいた。実際、競争心が強い、せっかちという性格傾向が強い人はストレスをためやすく、血管・心臓の病気になりやすいとされている。

タイプAの性格の特徴

- 目標達成に強い意欲をもっている
- 競争心が旺盛である
- 野心がある
- 時間にいつも追われている
- せっかちでイライラしやすい
- 警戒心が強く、神経過敏

タイプAの行動の特徴

- 早口でしゃべる
- ソワソワしていて多動である
- 食事のスピードが速い
- 一度に多くのことを片づけようとする
- イライラしている
- 他人に対して挑発的な態度をとる
- 神経質なところがある

対照的なタイプB

タイプAとは対照的に、内向的でのんびりしており、目立たず、あまり怒らない性格傾向をタイプBと呼ぶ。実際には、競争心を全面に押し出さないタイプBのほうがリーダーの素質があり、皮肉なことにタイプAよりも出世しやすいという研究結果も出ている。パワフルな経営者のナンバーツーに温和な人が多く、バランスを取っている企業が多いことからも納得がいく。

タイプBの性格の特徴

- マイペースでのんびりしている
- 穏やかであまり怒らない
- 協調性がある
- 内向的で目立たない

Chapter 3-10

知能検査のいろいろ

解説 知能を測定するための心理検査のこと。知能検査の代表的なものとして、ビネー式知能検査とウェクスラー式知能検査がある。

トリセツのヒント 知能検査は当初、障害を持った子どもを早期に見出し教育的対応をするために開発された。病院などの専門機関に行けば有料で受けられるので興味のある人は足を運んでみよう。

知能を測定する初の試み

フランスの心理学者ビネー（P141参照）は、知的障害をもった子どもを発見するために、医師シモンの協力を得て知能検査法を考案した。1905年の出来事である。これによりビネーは「知能検査の父」と呼ばれるようになる。

日本でも「田中・ビネー式」「鈴木・ビネー式」「辰巳・ビネー式」などのアレンジ版がつくられている。

ビネーとシモンは、ある年齢の子どもの大半が正解し、それより下の年齢の子どもがあまり正解できない問題があることに注目。それぞれの年齢段階に対応する問題のリストをつくった。その後、ビネー式知能検査はアメリカへ渡り、子どもが何歳までの問題を解けたかによって、精神年齢（MA）を算出し、知能を知能指数（IQ）で表す考えが導入されるようになった。

問題例（実際の検査とは異なる）
- 絵が描かれているカードを見せ、その名前を答える（3歳）
- 言葉や文章を読み上げたあと、同じように復唱させる（4歳）

ウェクスラー式知能検査

　ビネー式知能検査が子どもの発達障害の判別を目的としてつくられたのに対し、成人の知能の質の差を調べるためにつくられたのが、ウェクスラー式知能検査。アメリカの心理学者ウェクスラー（P141参照）が、1939年に発表した。知能を「言語性知能」と「動作性知能」のふたつの領域に分けるのが特徴だ。

カードと同じ図形を積み木で作る検査（動作性知能の検査）。

言語性知能

- **知識**：経験や学習で得た知識を測る
- **類似**：事柄の間にある類似性に気づけるかどうか
- **単語**：知っている言葉の語彙の多さを測る
- **理解**：一般常識や日常生活についての知識を測る
- **算数**：計算問題を解き、算数の基礎の理解度を測る
- **数唱**：読まれた数字列を記憶し、答える　など

動作性知能

- **絵画完成**：未完成の絵画を見せ、欠けている部分を完成させる
- **絵画配列**：共通の特徴を持つ絵をグループ分けする
- **積木模様**：見本に示された模様を、積み木を組み合わせてつくる
- **行列推理**：並べられた絵の中から法則性を見つけ、続きの絵を選択肢から選ぶ
- **組み合わせ**：何枚かの紙片を組み合わせて、形や模様をつくり出す
- **符号**：図形とセットになっている数字を素早く覚える　など

ウェクスラー式知能検査には
- WPPSI（幼児用）
- WISC（児童用）
- WAIS（成人用）

などの種類がある。

Chapter 3-11

IQ
(Intelligence Quotient)

解説 知能指数のこと。知能検査の結果を数値で表す。IQが高いほど知能が高い、低いほど知能が低いと判断する。

トリセツのヒント 一般的によくいわれる「IQが高い」とはどういうことなのか、あらためて理解しよう。あなたのまわりの人のIQはどれくらいだろう。

IQが高ければ本当に頭がいいの?

知能指数の算出方法には、生活年齢(実際の年齢 CA)と精神年齢(知能の年齢 MA)の比で表す従来の方法(IQ)と、同年齢の集団の中での偏差値を基準にした方法(DIQ)がある。年齢ごとに問題が作成され、答えられた問題によって精神年齢(MA)を割り出し、実際の年齢(CA)との比で知能指数(IQ)を割り出す。

IQ=精神年齢(MA)÷生活年齢(CA)×100

歴史上の人物のIQを推定したというサイトもある。
300以上で火星人と呼ばれる人もいたり。

同年齢集団内での数値「DIQ」

たとえば、5歳の子どもが10歳の問題まで解ければ、精神年齢は10歳でIQは200ということになるが、一般的なIQ100

の10歳児と同等の知能ということになる。従来のIQの数値は、知能の発達の早さを意味するもので、単純に数字の比較で「天才的である」とは言えないのだ。そこで、同年齢の集団の中での偏差値を規準にした方法（DIQ）が考案された。現在では、こちらの方法がよく使われている。

知能指数は80％遺伝する!?

知能は、遺伝と環境どちらの影響を受けやすいか。一卵性、二卵性の双子を研究する「双生児研究法」や、血縁から調べる「家系研究法」などの方法により研究されている。アメリカの教育心理学者ジェンセンは「知能は80％遺伝する」と主張し、大きな論争を巻き起こした。

80％というのは言い過ぎかもしれないが、当然、知能は遺伝に影響を受ける。特に「空間性知能」「論理的推論能力」は受けやすいといわれている。

一方、教育環境ももちろん知能に影響を与える。子どもに対して強制的よりも受容的な親に育てられるほうが、子どもの知能は高まりやすく、刺激の多い環境のほうが、より学習能力が高まるという。

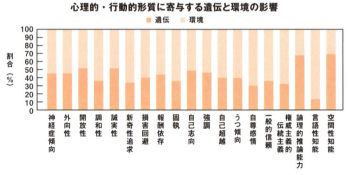

心理的・行動的形質に寄与する遺伝と環境の影響

Ando et al. [2004] ; Kamakura et al. [2007] ; Ono et al. [2002] ; 敷島ら [2006][2008];
Shikishima et al. [2006] [2009] ; 安藤寿康『遺伝子マインド』（有斐閣）P53より

EQ
(Emotional Intelligence Quotient)

解説 EQは、自分や他人の感情を感じ取り、また、自分の感情をコントロールする知能の力を測る指標。「心の知能指数」ともいわれる。

トリセツのヒント 遺伝的要素も多いIQと違い、EQは努力と生活習慣によって高められると考えられている。

IQ偏重主義への批判から生まれた

一般的には、IQが高い人ほど頭がいい、知性が高いと思われる傾向がある。しかし、検査で測定できるのは知能のごく一部であり、IQが高いからといって社会的に成功できるとは限らない。そこで近年になって、心の知能指数（Emotional Intelligence Quotient　EQ）という考え方が提唱されるようになった。

ダメな例

課長と○○さん不倫してるって

見てこのクマ〜　きつかったわ〜

EQが高い人の習慣

1. 他人の状況に巻き込まれない
2. 不平を言わない
3. なんでもできますと言わない
4. 人のうわさ話をしない
5. 幸せも信用も自分次第と考える
6. ネガティブな話をしない
7. 過去を振り返らない

感情をうまくコントロールし、利用できることはひとつの能力。EQが高いと、社会的にも評価されると考えられている。

Chapter 3-13

いろいろなコンプレックス

解説 精神医学・心理学用語で「複合的な感情のまとまり」のこと。無意識に抑圧された複数の感情が入り混じったもの。

トリセツのヒント マザコン、ファザコンなど、日常的にも使われる「コンプレックス」という言葉の理解を深めよう。

劣等感だけがコンプレックスじゃない

スイスの精神医学者ブロイラーによって提起され、ユングが命名した概念。ある感情と別の感情が複雑に絡み合い、まとまりになっている状態を指す。日本では「劣等感」という意味で使われることが多いのだが、これは「劣等コンプレックス(inferiority complex)」という意味で、数あるコンプレックスの中のひとつに過ぎない。コンプレックスについては調べれば調べるほど出てくる。それほど人はコンプレックスを抱える生き物なのだろう。数あるなかから代表的なものや、現代特有のものをピックアップして解説する。

マザーコンプレックス
大人になった男性が、年齢にそぐわない形で母親との依存関係を持ち続けている状態。また、その依存関係に疑問や葛藤を感じないこと。過保護に育つとなりやすいというが、男はみな多かれ少なかれマザコンだともいえる。

ファザーコンプレックス

厳しい父親から愛情表現をされないまま成長した娘が、その欠落を埋めるために父親的なものに憧れ、追い求めてしまう状態。結婚相手や交際相手に父親似の男性を選びやすいという説も（P218参照）。

ブラザー（シスター）コンプレックス

異性の兄弟や姉妹に対して、恋愛的な感情を抱いたり、自分のものにしたいという独占欲を抱いたりすること。弟（妹）が生まれることで自分中心でなくなる兄（姉）が相手を支配することで不安を解消しているともいわれる。

カインコンプレックス

兄弟・姉妹間の心の葛藤や競争心、嫉妬心のこと。旧約聖書に出てくるカインとアベルの話にちなんで名づけられた。弟アベルに嫉妬した兄カインは弟を殺してしまい、追放される。ユングが提唱した。

エディプスコンプレックス

母親を手に入れたいと思い、父親に強い反抗心・対抗心を抱く幼児期における抑圧された心理。ギリシア悲劇の『オイディプス王』にちなんで名づけられた。こちらはフロイトが提唱した概念である。

オナリコンプレックス
異性の兄弟・姉妹に対して抱く性愛の感情が抑圧されたもの。「オナリ」とは沖縄の方言で「姉妹」の意味。近親相姦を想起させるタブーであるがゆえに、抑圧された葛藤がコンプレックスとなる。

シンデレラコンプレックス
女性が男性に対して高い理想を追い求め、他人に面倒を見てもらいたい、依存したいという潜在的な願望にとらわれ、精神的な自立が十分にできていない状態。白馬に乗った王子様が自分の人生を変えてくれると期待してしまう。

白雪姫コンプレックス
子どもの頃に虐待を受けた母親が、今度は自分の娘に虐待をしてしまう心理状態。虐待につながるコンプレックスは、次世代にも連鎖していきがちなので注意が必要だ。自身で身に覚えがあるようなら、断ち切る勇気をもってもらいたい。

ロリータコンプレックス
成人した男性が、幼女や少女に対して、抑圧された性的嗜好や恋愛感情を抱くこと。ロシアの作家ウラジミール・ナボコフの小説『ロリータ』から名づけられた。日本人男性は比較的多いのでは？

正太郎コンプレックス

少年や幼い男の子に抱く性愛や執着のこと。『鉄人28号』の主人公・金田正太郎の名からつけられた。いわゆるショタコン。行き過ぎたものは問題だが、こうしたコンプレックスが日本独自の漫画、ラノベを育てているともいえる。

ダイアナコンプレックス

男性でありたいという、女性の隠れた男根羨望を表す心理学用語。女性の「男性には負けたくない」という感情のこと。ローマ神話に登場する狩猟と月の女神にちなむ。男性社会で活躍する女性には必要なものかもしれない。

カメリアコンプレックス

不幸な女性を見ると、相手の意志に関わらず自分が救い出してやりたいと思う男性の心理。カメリアとは椿のこと。『椿姫』のヒロインが娼婦として働いていたことに由来する。相手にとって余計なおせっかいにならないように。

二次元コンプレックス

アニメや漫画の美少女二次元キャラクターに対してのみ性的嗜好や恋愛感情を抱く状態のこと。「二次コン」と略されて使われることもある。「萌え」「リア充」などという言葉の底流にあるコンプレックスといえるだろう。

Chapter 3-14

劣等感と優越感

解説 劣等感とは、他人より劣っていると感じること。必ずしも本当に劣っているわけではない。心理学者アドラー（P243参照）は、この劣等感を過剰に埋め合わせようとすることで、多くの神経症が起こってしまうと考えた。

トリセツのヒント 劣等感は必ずしも悪いことではない。それを克服しようと努力することが大事だとアドラーは説いた。

不健全な劣等コンプレックス

アドラーは、劣等感と劣等コンプレックスを明確に分けて考えた。劣等コンプレックスとは、劣等感を核に負の感情が絡み合った状態で、克服することから逃げている状態をさす。アドラーは、劣等感を持つのは健全で、それを克服し成長しようとすることが人間の根源的な欲求だと説いた（優越性の追求）。

劣等感を抱き、優越感を求めることは人間を動かすパワーにもなる。

優越感と優越コンプレックス

同様に、優越感は自分が他人より優れていると思う感情であるが、優越コンプレックスは、劣等感を隠して過剰に自分を大きく見せようとする状態である。

不幸自慢も優越コンプレックス

不幸話や劣等感をあえて口に出して語る不幸自慢も、注目を浴びたい、同情を得たいという優越コンプレックスのひとつだといえる。

Chapter 3-15

ジョハリの窓

解説 自分が知っている自分と、他人が知っている自分を4カテゴリー（窓）に分類することで、他人との関係性をより深く知るための自己分析方法。自分を知るためのツールとなる。

トリセツのヒント 自己開示で秘密の窓を狭め、人からの意見を聞くことで盲点の窓を狭められれば、より開放の窓が広がる。

	自分は知っている
他人が知っている	★ **開放の窓** 自分も他人も知っている自己。オープンにしていて、自他ともに認める自分のこと。 
他人が気づいていない	★ **秘密の窓** 自分は知っているが他人は知らない自己。人に隠している秘密や、表面に出していない性格など。 

自分が知らない自分を知ろう

アメリカの心理学者ジョセフ・ルフトとハリー・インガムが提案したモデルで、ふたりの名前を組み合わせて「ジョハリの窓」と名づけられた。自分が知っている自己、自分が知らない自己、他人が知っている自己、他人も知らない自己を、格子状に4種の窓に分類して分析する。人間関係で不適応を起こしている人ほど「秘密の窓」と「盲点の窓」が大きくなっている傾向がある。「開放の窓」を広げるように努力をして、周りに自分のことを知ってもらおう。そうすれば人間関係の悩みも解消されるはずだ。

自分は気づいていない

★ **盲点の窓**
自分は気づいていないが、他人は知っている自己。自分では意識していない癖や、他人から見た性格など。

★ **未知の窓**
誰からもまだ知られていない自己。無意識の領域や抑圧された自己、埋もれた才能など。

Chapter 3-16

アイデンティティ

解説 自己同一性のこと。心理学者エリクソンが提唱した概念。「自分とは何か」「どう生きるべきか」などに悩んで答えを見出し、「これが本当の自分だ」という実感を得ることを「アイデンティティの確立」と呼ぶ。

トリセツのヒント 人はどのようにして「自分は自分だ」という実感を得るのか考えてみよう。あなたは、アイデンティティが確立していますか？

本当の自分とは何なのか

青年期は社会人になる準備期間であり、「自分とは何なのか」「将来どうすればいいのか」「何になりたいのか」など、多くの悩みを抱える時期だ。その問いに自分なりの答えを見つけ、「ア

スーパーの職業的発達段階

アイデンティティの確立に仕事は大きな影響を与える。社会と自分を結びつける中心は仕事だからだ。アメリカの心理学者スーパーの理論を紹介。

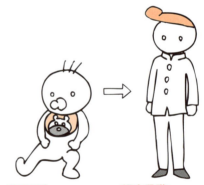

成長段階 (0〜14歳)
仕事や職業について興味を持ち、なりたいものや実現方法を考え始める。

探索段階 (15〜24歳)
さまざまな職業を知り、実際に働き、自分に合った仕事を見つける時期。

イデンティティ」を確立していく。しかしその後ライフステージの変化などで、一度確立したアイデンティティは揺らぎ、再構築することが必要にもなってくる。

エリクソンはとくに「アイデンティティの確立」は、青年期のときの最大の発達課題だとした。思春期から青年期にかけてはからだが急激に成長し、心も不安定になり、アイデンティティの危機を迎える。そこで自分とは何かと考え始めるのだという。

こうした時期は多くの人が学生であり、アイデンティティを模索するうえで時間がある。これをエリクソンは「モラトリアム」と呼んだ。

モラトリアムの時期にアイデンティティの構築がうまくいかず、やるべきことがわからない人がニートやフリーターになりやすいともいわれ、自分と向き合う時間をしっかりつくることが大切になる。

**確立段階
（25〜44歳）**
特定の職業分野に根を下ろし、自分のポジションを固め始める時期。

**維持段階
（45〜64歳）**
確保した地位を維持するとともに、新たなスキルの獲得を模索する時期。

**衰退段階
（65歳以降）**
余暇や家族と過ごす時間が増える。第二の人生に向かい始める時期。

Chapter 3-17

中年期のアイデンティティの危機

解説 人生が後半に差し掛かり、衰えや限界を感じると同時に自分の人生がこれで良かったのかという生き方の見直しを迫られる。これが中年期のアイデンティティの危機であり、中年期クライシスと呼ばれる。

トリセツのヒント さまざまなストレスを抱える中年期は、他の年代に比べて自殺者が多い。悩みとうまく付き合っていく方法を見出そう。

中年期クライシスを乗り越える

中年期は人生の折り返し地点。ユングはこの年代を「人生の正午」と呼んだ。体力の衰えや閉経などの身体的変化、仕事上での自分の限界を感じるなどの社会的変化、子供の親離れや夫婦関係などの家庭的変化など、さまざまな問題にさらされ、中年期うつを発症する場合もある。

能力や体力の衰え、限界を知る。身体的にも社会的にも変化を感じる。

自分の人生を肯定する

ユングはこの中年期クライシスを「生の転換期（レーベンスヴェンデ）」と呼び、これまで気づかなかった問題に直面し、変化しようとするのはむしろ正常なことだと説いた。中年期クライシスによって揺らいだアイデンティティを再構築するためには、まずは人生を振り返り、事実を受け入れ、他人と比較するのをやめて、改めて人生の新たな目標を見出すことが大切だ。

中年期クライシスを乗り越えると、人生の視界がぐんと広がる。誰もが通る発達課題のひとつと考えると、悩み過ぎることなく、心は少し軽くなるだろう。何より良くないのは考えが「固着する」ことだ。

他人と比較するのをやめる
情報があふれる中、ときにはシャットアウトすることも大切。

今までの人生を受け入れる
「生きてるだけでまる儲け」。上も下も見ず、現状を良しとしよう。

新たな生き方を模索する
音楽、サーフィンなどこれまでやらなかった楽しみを見つけてみよう。

Chapter 3-18

高齢期の アイデンティティ

解説 日本の65歳以上の高齢者人口は過去最高の3392万人（2015年）となり、総人口の26.7％を占める。2060年には約2.5人に1人が65歳以上となる高齢者ばかりの社会が到来するといわれている。

トリセツのヒント 生まれてきたからには誰もが老いる。体力も記憶も落ち、衰えや大切な人を亡くしてしまう悲しみとも向き合わなければならない。しかし、「加齢効果」があるから、心配はいらないかも！？

人は、老いと喪失を乗り越え、適応できる生き物

　加齢効果とは、「歳をとるに従い、心理的に適応する」ことをいい、人は状況や環境に合うよう行動や考えを変えていけるのだという。若い頃はなにかと否定的だった男性も感情がやわらかくなったり、女性はますます肯定的な感情が増していくとい

歳をとると季節の移り変わりに敏感になり、花鳥風月を愛でるようになる。

う。15年以上あるといわれる長い高齢期も、場面に応じて適応していければ、充実した余生となるはずだ。

限りある時間を思えば、ポジティブになれる

高齢期になると次の世代を育て、自分の知識や技術を受け渡していきたいという気持ちになるという。これを心理学用語で「世代性の発達」という。老いてなお人は発達するのである。世代性が充実すればするほど、人は幸せになれるという。

近年、幸せに老いることを「サクセスフル・エイジング」と呼ぶ。その際に大切なのが「主観的幸福感」だ。過去や他人と比べず、今の幸せを感じる。そのためには、次世代への受け渡し、また、家族や友人、知人たちとの人間関係やサポートが大切になる。人との交流がたくさんある人ほど、自分の人生には価値があったと感じられるのだ。

死を受け入れる

解説 死を受け入れることは人生最後の課題だ。長生きすればするほど周囲の死を経験し、喪失感とともに自身の死が現実的になってくる。どのような心持ちで適応していけばよいだろうか。

トリセツのヒント 死を待つ人には回想法（P303参照）が、残される家族にはグリーフケアが有効だ。誇りたかく死に際を迎えるためのヒント。

死の受容5段階

　精神科医キューブラー＝ロス（P139参照）は、余命を宣告された人がどのようなプロセスを経て死を受容するのかを研究した。受容に至るには家族のサポートが必要で、自分は愛されている、価値ある人生だったと実感をもてることが大切になる。

1.否定と孤独
自分が死ぬわけがないと、ショックを受け、否定する。

2.怒り
なんで私が死ぬのだ、おかしいだろう！　と周りに対して感情的になる。

3.取引
なんとか死から逃れようと、神頼みなどを行う。

4.抑うつ
すべての努力がムダとわかり、絶望にさいなまれる。

5.受容
受け入れ、静かな気持ちで死を待つようになる。

おじいちゃんのおかげで大学卒業したよ!!

回想とグリーフケア

余命宣告された人に対しては、回想法が助けになる。自身の人生をまるごと受け入れてもらうためにも、ケアする者は昔の話を聞いたり、感謝の気持ちを伝える。

一方で、見送る側へのケアも重要だ。その際は「グリーフケア」が必要となる。悲嘆（グリーフ）にくれる人に対して、サポートする。残されたものとしての後悔の気持ちを軽くするよう心がける。

★ **回想法**
死を待つ人に対しては、自身の人生を振り返ってもらったり、自分の人生が豊かで価値あるものだったと感じてもらう。死への不安も軽くなるはずだ。くわしくは303ページで解説。

おじいちゃん
あれでもハンサム
だったのよ

★ **グリーフケア**
残された家族は、後悔や自責の念にかられることが多い。寄り添うこと、気分転換に誘うことなどし、ひとりで思い詰めることがないように周囲がサポートする。

おばあちゃん!!
買い物に行こ〜♥

人物紹介

気質が性格を左右する

エルンスト・クレッチマー
Ernst Kretschmer
1888 – 1964

ドイツの医学者・精神科医。ヒトの気質を研究し、性格類型論を提唱。性格を司るのは気質と考え、体型と気質を結びつけた3類型があるとした。また、著書『天才の心理学』では、種々さまざまな天才たちを事例に挙げ、狂気と天才の関係を説いた。

精神疾患を分類・定義づけ

エミール・クレペリン
Emil Kraepelin
1856 – 1926

ドイツの精神科医。実験心理学の父と呼ばれるヴィルヘルム・ヴントのもとで心理学の研究を始めた。精神医学の教科書作成に熱心であり、早発性痴呆をはじめさまざまな精神疾患を分類・定義づけした。彼の作業曲線の研究は内田式クレペリン検査（クレペリン検査）の原型となった。

エリザベス・キューブラー＝ロス

Elisabeth Kübler-Ross

1926 – 2004

死の受容プロセスを5段階に分類

スイス出身の精神科医。死へのプロセスに関心をもち、死をテーマにした20冊の本を著し死の受容のプロセスを5段階に分類した。また、死にゆく患者のための施設を私財をなげうって開設したため、彼女の運動は、ホスピス運動の嚆矢のひとつと考えられている。

ハリー・スタック・サリヴァン

Harry Stack Sullivan

1892 - 1949

精神疾患は文化・社会の影響を受ける

アメリカの精神分析家・精神科医で新フロイト派に属する。文化的作用が精神疾患に影響を及ぼすという相互関係にもとづいた心理学的理論を発展させた。彼は文化人類学者をはじめ幅広い研究者と交流をもち、関与しながらの観察を自らの治療に導入した。

カレン・ホーナイ
Karen Horney
1885 – 1952

「女性性」は見落とせないわ！

ドイツ生まれの精神科医。新フロイト派でフロイトの心理学の男性中心的な部分を批判し、フェミニスト心理学を創設した。また、神経症を研究し、神経症の人がもつ欲求を10に分類した。

エーリヒ・ゼーリヒマン・フロム
Erich Seligmann Fromm
1900 – 1980

心理学を使えば社会を分析できる

ドイツの心理学者。フランクフルト学派に属し新フロイト派として、フロイト以降の精神分析学の手法を広く社会分析に応用した。主著の『自由からの逃走』ではファシズムが社会の中でどのように生じてきたかを論じており、政治心理学のさきがけと見なされている。

知能を計測してみようじゃないか

アルフレッド・ビネー
Alfred Binet
1857 – 1911

フランスの心理学者。知能検査の創始者として知られ、世界で最初の知能検査であるビネー・シモン知能検査を医師のシモンと共同で完成させた。児童心理や教育心理の研究に大きな影響を与えた。

知能と行動には知能以外の要因がある

デイヴィッド・ウェクスラー
David Wechsler
1896 - 1981

ルーマニア生まれのユダヤ系アメリカ人の心理学者。知能検査の開発で知られ、特に児童向けウェクスラー知能検査やウェクスラー成人知能検査といった知能検査を開発し発展させた。知能行動における狭義の知能（言語性知能）以外の要因も重視し、ビネーの知能検査に異を唱えた。

第4章
相手を知るためのヒント

人はひとりでは生きていけないが、人間関係があるから悩みも生まれてしまうもの。本章では、相手の言葉以外から発せられるメッセージ、無意識から生まれる相手の行動、育った環境による性格の特性などを紹介する。人とのコミュニケーションをより円滑にするためのヒントを得てもらいたい。

Chapter 4-1	非言語的コミュニケーション	Chapter 4-8	「知性化」の裏側
Chapter 4-2	錯誤行為	Chapter 4-9	血液型でわかること?
Chapter 4-3	嘘を見抜く	Chapter 4-10	兄弟と性格
Chapter 4-4	表情でわかる深層心理	Chapter 4-11	夢分析からわかる無意識
Chapter 4-5	見抜けない嘘	Chapter 4-12	夢の種類
Chapter 4-6	人間の6種の欲求	Chapter 4-13	さまざまな症候群
Chapter 4-7	相手の自己顕示欲を知るヒント	Chapter 4-14	異常性格者の特徴

Chapter 4-1

非言語的コミュニケーション

解説 人は言葉だけでなく、表情やしぐさなど言葉を用いない「非言語的コミュニケーション」を行っている。目は口ほどにモノを言うとはまさにその通りで、非言語的コミュニケーションの内容こそ相手は見ている。

トリセツのヒント 対人関係のあらゆる場面で、言葉以上に表情や服装、相手との距離感に注意を払ってみると、関係が良好になるだろう。

不安な気持ちはしっかり伝わる

人の印象は何によって決まるかという実験によれば、言葉が与える印象は7％、しゃべり方や声質が38％、表情や態度などが55％だという。話の中身以上に、あなたの立ち居振る舞いが重要となるのだ。

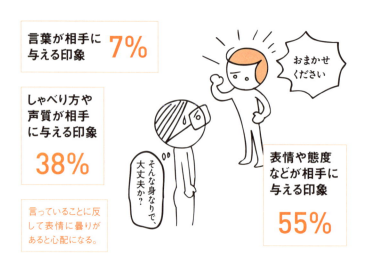

言葉が相手に与える印象 **7%**

しゃべり方や声質が相手に与える印象 **38%**

表情や態度などが相手に与える印象 **55%**

言っていることに反して表情に曇りがあると心配になる。

しぐさからわかること

相手が自分のことをどう思っているのか、その仕草を観察してみると多くのヒントが得られる。

上目づかいで見る人
何か反論があるか、よこしまなことを考えているかもしれない。要注意！

腕組みしている人
自己防衛や拒絶のサイン。警戒心が強く、自己中心的な人に多いという。

じっとこちらを見つめる人
自分に自信を持っている。力が入っているときなどは目を離さないものだ。

目をそらす人
言っていることに自信のない人。おどおどしているのも同じケースが多い。

指でテーブルを叩く人
その方、いらだっているか、何かを急いでいる様子だ。

豪快に笑う人
裏表がない人に多い。無神経そうだが、案外細かい面もあるかも。

・・・ Knowledge

自分のためいきにも気をつけよう。無意識にやってしまいがちだが、相手は、自分がストレスを与えてしまったのかと不安になってしまう。

Chapter 4-2

錯誤行為

解説 言い間違いや聞き間違い、書き間違い、読み違いなどのこと。この間違いに人の本音が現れる。フロイトも「言い間違いの中に無意識の意図や欲望が隠されている」と指摘している。

トリセツのヒント 自分や相手の本音に気づくことができる。

無意識の欲望が表に出るとき

人の名前をどうしても間違えてしまうときがある。そんな場合は、その人のことを無意識のうちに避けている可能性がある。逆に、自分が間違われるときは、相手に気を遣わせているのかもしれない。忘れるというのも一種の錯誤行為。人の名前やアポイントなどを忘れるときは、きっとそのことにストレスを感じている。

「ぽろっ」と出た言葉や態度が本音なのかもしれない。

Chapter 4-3

嘘を見抜く

解説 稀代の嘘つき以外、人は嘘をつくときに緊張や罪悪感を覚える。それが表情や声のトーンに現れる。

トリセツのヒント 嘘を見破る際のヒントが得られる。相手の言葉の真偽をたしかめたいときに使ってみては。

からだを見たらバレバレ

同じ言葉を繰り返す
相手に信じてもらわなければと、何度も同じ言葉を繰り返してしまう。

反応が早くなる
返事が遅いとやましいことがあるのでは、と不安になり、普段より反応が早くなる。

口を隠す、手を隠す
嘘をついている口を隠したくなる。手の動きから悟られるのでは、と手をポケットに入れる。

鼻に触れる
口を隠すのはバレバレなので、鼻を隠す場合も。

タバコを手にする
喫煙者は緊張したり、話が核心に近づくと、タバコを吸い出す傾向あり。

何度も同じ言葉が出てしまう

手を隠している

Chapter 4-4

表情でわかる深層心理

解説 嘘を見破る「表情編」。本音を隠そうとも、その顔が雄弁に物語るケースが多い。特徴的な例を解説。

トリセツのヒント 仕事や恋愛など、人間関係が生じるあらゆる場面で、相手の本当の気持ちが知りたいとき、参考になる。

相手の顔をつぶさに観察しよう

相手の表情がかたくなるとき、「注意が過去に向けられて、心ここにあらず」かもしれない。嘘をつくときの緊張はまばたきの回数にも現れる。隠し事があるときに目をそらすのは大変わかりやすい仕草である。

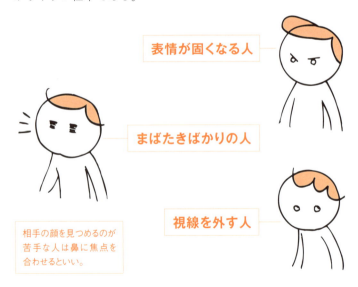

表情が固くなる人

まばたきばかりの人

視線を外す人

相手の顔を見つめるのが苦手な人は鼻に焦点を合わせるといい。

Chapter 4-5

見抜けない嘘

解説 経歴詐称を大衆に信じ込ませるなど、天才的な嘘つきがこの世には存在する。そんな人たちの嘘はなかなか見破れない。

トリセツのヒント あまりに耳ざわりのいい人や話に会ったときは要注意。嘘つきの天才相手に、だまされずにすむには慎重さが肝心だ。

見抜くことのできない嘘つき3タイプ

映画にもなったクヒオ大佐は、「アメリカ空軍パイロットでカメハメハ大王やエリザベス女王の親類」と名乗り、女性らから結婚詐欺で約1億円もだまし取った詐欺師。この手の詐欺師には特徴がある。

ジョナサン・エリザベス・クヒオです

カメハメハ大王とエリザベス女王の親戚です!

嘘をつくことに慣れている人
嘘も慣れると緊張しなくなる。さらにそれが快感になるという。

罪悪感がない人
嘘をつく罪悪感がないので、動揺や緊張が、口調やからだへの変化として表れない。

嘘を信じ込む人
自分でついた嘘を本当の話だと都合よく改変する。自分も本当だと信じ込むので嘘だと見破れない。

Chapter 4-6

人間の6種の欲求

解説 マズローの欲求5段階説にあるように、人は欲求があるからこそ成長できる。ここでは社会的欲求といわれる6種の欲求を解説する。

トリセツのヒント 社会にはあなたや相手の「欲求」がうずまいている。相手の行動から、どんな欲求をもっているのか感じ取ろう。

行き過ぎた欲求に注意しよう

欲求があるからこそ人は行動する。しかし、それが行き過ぎると周囲に迷惑をかけるので注意が必要だ。また、欲求こそ深層心理の表れ。相手がどんな行動をとっているかで、その心理がわかる。

支配欲求
やたら命令してリーダーシップをとりたがる人が周囲にいないだろうか？ そんな人は他人へ影響を与えたい気持ちが強い。

服従欲求
自由にしてみてと言われると不安になり、相手に従って行動したほうが落ち着くところがある。尊敬する人のもとにいたいというのが服従欲求。

顕示欲求

自分を他人にアピールしたい欲求。ブランド品で着飾ったり、奇異な格好をする人は、顕示欲求が強い人だといえる。ファッションは心を表す。

達成欲求

何かを成し遂げなければ気がすまない。より困難な仕事に挑戦したがる。そんな人は達成欲求が強い。行き過ぎて自分を追い詰めないように。

親和欲求

人と仲良く、結びついていたい。みんなでワイワイ楽しくやりたい気持ちの強い人は、親和欲求が強い。気を遣い過ぎて疲れないように。

承認欲求

アピールするだけでなく、自分の存在を認めさせたいというのは承認欲求。好きな人に愛されたいという欲求もそれである。SNS人気の底流にある欲求。

••• ▶ Knowledge

アイドルがファンと握手を行うイベントがある。直接会えて、ときには名前で呼ばれたりすることでファンの承認欲求が満たされ、ますます魅かれていくのである。

Chapter 4-7

相手の自己顕示欲を知るヒント

解説 自己顕示欲とは、自分の存在をアピールしたい欲求。人間がもつ自然な欲求であるが、常に「私が……」と度が過ぎる人間も多い。

トリセツのヒント 自己顕示欲が強い人の特徴を知り、上手な付き合い方をしよう。自分がそのタイプと自覚する人は、周囲を振り回さないように注意。

人類皆主役時代の対処法

自分を他人にアピールしたいという欲求は、生きていくために欠かせない欲求だ。今ではインターネットなどを通じて、誰もが簡単に発信者になることができ、自己顕示欲を発散できる場所は多数ある。発信まではよしとして、過剰に承認欲求を求めて心のバランスを崩さないように気をつけたい。

「ここだけの話」と注目を得たがる人や、相手のことを認めたがらない人は、相対的に自分の立場を高めたがる傾向がある。

Chapter 4-8

「知性化」の裏側

解説 誰にでもわかることをわざわざ難しい言い方、かっこ良さそうな表現で語る人がいる。こうした自分を知的に見せたい心理を「知性化」という。

トリセツのヒント 知性化はコンプレックスの裏返しといえる。相手が何を言っているのか、表面ではなく、その本質に耳を傾けよう。

時代に取り残されたくない人たち

仕事をしているとわかるようでわかりにくい言葉が飛び交う。「その会議、オレもアサインしといて」「その案件、誰マター？」など。日本語で言えないのか？と感じる場面多数だが、そういう人に限って何かコンプレックスを持っていると思うと、微笑ましくもある。

アサイン（割り当て）しておいてくれる？

それって誰マター（担当・責任）？

御社も弊社もウィンウィン（双方良い）でございますね〜♪

よく聞くカタカナ語あるあるとしては、「アグリー（同意）」「イシュー（論点）」「エビデンス（証拠）」「キャズム（障害）」「コミット（約束）」「コンセンサス（同意）」「シナジー（相乗効果）」など。多用するとむしろバカにみえるので、知性化は諸刃の剣である。

Chapter 4-9

血液型でわかること?

解説 血液型による性格の類型論。A型は生真面目、B型はマイペースなどなど。この話に科学的根拠はあるのか……。

トリセツのヒント 血液型での性格類型に、科学的根拠はない！ しかし、なぜ私たちは血液型による性格分析が好きなのか？ その裏側にはステレオタイプという考えがある。

そう言われれば、そうかもと思う心理

血液型による性格判断は日本特有のものだという。1920年代に教育学者・古川竹二が血液型による類型論を提唱したことに始まり、1970年代に再度、流行した。日本人の約40％がA型といわれているが、その人たちがみな「几帳面、生真面目」かといえば、そんなこともないだろう。とはいえ、血液型で自分や相手の性格判断をするのは楽しいし、雑談にも役立つ。一般的にいわれる血液型の傾向を紹介しよう。

A型
几帳面で神経質。頑固。努力家。気が利くタイプ。優等生的な人が多いといわれる!?

B型
自由でマイペース。行動力がある。芸術家タイプ。熱しやすく冷めやすいといわれる!?

ステレオタイプいろいろ

血液型判断が当たっているように思える背景には、「ステレオタイプ」の働きが関わっている。ステレオタイプとは、ある特定のグループに属している人に対して、グループ特有の性質を持っていると信じる傾向のことだ。職種などによるイメージでその人をみてしまう。一方、その人も「それらしく」振る舞うようになるから、人はおもしろい。

大阪人はお笑い好き。教師は真面目、刑事はアンパンと牛乳もって張り込みしていそうなどが、よくあるステレオタイプ。

O型
おおらか、おおざっぱ。いい加減、面倒見がよい。八方美人。ロマンチストが多いといわれる!?

AB型
気分屋。変人。二重人格。合理的で完璧主義者が多いといわれる!?

Chapter 4-10

兄弟と性格

解説 心理学者・依田明は、兄弟の出生順位によって性格の傾向が左右されるとした。長子、次子、末っ子、一人っ子の傾向をみてみよう。

トリセツのヒント 気になるあの人は、長男か次男か……など、人を観察するうえで参考になる。また、子育てをするうえでのヒントにもなる。

親の接し方で性格の傾向が決まる

　長男長女だからと、以下の特徴がすべて当てはまるわけではないが、やはり育った環境によって性格は影響を受ける。最初の子どもだからと親も緊張と期待をもって育てる子どもと、子育てに慣れ余裕をもったときに育てる子どもでは、性格の特徴は変わるだろう。

長男・長女
堅実派。指導的でありながらも、誰かに依存したい、寂しがり屋でもある。外づらがいい。

次男・次女
中間にいる子は長子に似る傾向がある。上下に挟まれるので協調性が育まれる。

一流アスリートに多い「末っ子」

生まれたときから兄姉がいることで競争意識や目標があるのか、アスリートには次子以降の人が多いという。一時期、サッカー男子日本代表のすべてのメンバーが「弟」だったときがあるくらいだ。ある研究では、長子は大学教授や弁護士、医者に多く、末っ子は俳優や画家などに多く見られるという結果も出ている。

キング・カズことサッカーの三浦知良も次男。野球のイチローも名前は鈴木一朗だけど次男。

末っ子
甘えん坊でおおらか。人に褒められると調子にのりやすいところがある。人の輪に自然に入っていける。

ひとりっ子
マイペース。甘えん坊。親や周囲から常にかまってもらって育つので頑固でわがままな傾向がある。

Chapter 4-11

夢分析からわかる無意識

解説 夢の研究といえばフロイト。フロイトはふだん表には出さない願望や不安が夢に現れると考えた。

トリセツのヒント 夢に現れるものを知り、自身の無意識や、深層心理に意識的になってみよう。「やはり、そう思っていたのか」と気づくこともあるのではないだろうか。

4種の夢の作業

　夢は自分でコントロールができないため、無意識が出てくるという。一方で、夢は睡眠を守る働きや外的、内的刺激などから安眠を守るために見るのだという説もある。フロイトは「夢の作業」を4種に分類している。

権力者になりたいという願望と、アイドルになりたいという願望が入り混じり……。

★ 圧縮

いくつかの願望が合わさって現れる。複数の人物やものの要素が重なり、ひとつに合体・圧縮され、夢となって現れる。複雑な思いがシンプルな形に。

★ 置換

気になる願望が、他の願望となって現れる。無意識のなかでは重大なことが他の形となって夢に現れる。

★ 視覚化

本来、形にないものが、目に見えるものとして現れる。性器などがそのものでなく、他のモノに置き換わるなどし、夢に出てくる。抑圧された感情が視覚化される。

★ 二次加工

さまざまな願望がまとまり、物語となって現れる。無意識ではわかりづらいことを意識しやすくするためにストーリー化して、夢に出てくる。

夢には、その人が無意識の中で抑圧された感情が現れるという。睡眠は眠りの浅いレム睡眠と深いノンレム睡眠が一定の間隔で繰り返されるのだが、レム睡眠のときに夢を見やすい。夢によりストレスが解消されたり、情報を整理できたり、脳が発達するといわれている。

Chapter 4-12

夢の種類

解説 心理学者の二大巨頭フロイトとユングとでは、夢分析の解釈が違う。それぞれの夢の種類を紹介する。

トリセツのヒント 隠された願望、抑圧された無意識が夢に出る。どんな現れ方があるのか知り、自分の深層心理を知ろう。

フロイトとユングの違い

フロイトは夢に現れる願望の多くは、性的なものが形を変えたものと考えた。一方、ユングは、夢は性的なものばかりが現れるわけではないとした。ふだんあなたが見る夢はどれかに当てはまるだろうか？ 一般的に知られる夢の種類を紹介する。

予知夢
ユングによる夢のタイプのひとつ。将来起きる出来事を予見する夢。オカルト的だが、ユングは無視せず、研究した。漠然と現れる展望夢とは違い、細部まではっきりと見ることができる。

補償夢
ユングによる夢のタイプのひとつ。意識のかたよりを補償し、精神のバランスを保つために見る夢。現実世界で誰かを裏切ってしまったとき、罰を受けるような夢を見る場合がある。

展望夢
ユングによる夢のタイプのひとつ。将来の計画や目的が夢として現れる。内容は漠然としている。警告夢ともいわれる。

反復夢
ユングによる夢のタイプのひとつ。日常的な経験、つらい体験がもとになり繰り返し見る夢。夢でつらい経験をし、心の耐性をつけるともいわれている。

明晰夢
夢と自覚しながら見る夢。悪夢を「夢」と判断するために起こると言われる。通常の起床時間の90分前に起きるようにしたり、二度寝すると見ることができるともいわれている。

準定型夢
定型夢ほどではないが頻繁にみる夢をいう。一例をあげると「空を飛ぶ夢」。これは自由や独立への願望の現れだという。

定型夢
フロイトは多くの人が同じような夢を見ることを発見。一例をあげると「裸で歩いたり、服をなくして困る夢」。これは幼いころに戻りたい深層心理の現れとした。

Chapter 4-13

さまざまな症候群

解説 はっきりとした原因は不明だが、何かしらの症状が現れるときに使われるのが「症候群」という言葉。心理学的なものから、広く一般的に知られる症候群を紹介する。

トリセツのヒント 紹介するもの以外にも症候群は多数存在する。時代の風潮から生まれるものもあり、世相やライフスタイルの影響が大きい。

症候群の理解を深めて、他人を理解する

先天的なものや身体的なもの、そして心の不適応が原因で起きるものなどさまざまある。予防のひとつとしては、心身ともに過剰なストレス状態に陥らないようにすることだ。ここで紹介する以外の症候群についても理解を深めて、予防対策につとめてほしい。

ピーターパン症候群
年齢的に大人にもかかわらず、幼児のような自己中心性が残る。アメリカの心理学者ダン・カイリーが提唱。

バーンアウト症候群
突然無気力となり、燃え尽きてしまったかのようになる。大きな目標を終えたときや定年を迎えたときなどに起きやすい。

サヴァン症候群

知的障害や発達障害をもつ人の中で、特定分野に天才的な能力を発揮する。以前見た風景や一度聞いただけの音楽を、完全に再現できたりする。

ストックホルム症候群

精神医学用語のひとつ。誘拐や監禁などの犯罪事件の被害者が犯人と長時間過ごすことで、犯人に対して好意や特別な感情をもってしまうこと。

シェーグレン症候群

女性に多く見られ、眼や口が乾き、関節痛など、乾燥症状が出る症候群。遺伝、免疫異常、ストレスなどさまざまな原因が重なり起きるという。

サザエさん症候群

日曜の夕方になると休日の終わりを意識し、月曜日が憂鬱になる。海外でも「ブルーマンデー症候群」があり、休みの終わりに落ち込むのは万国共通。

　身体的なものは別として、社会的な原因から生じる症候群は、時代の風潮や空気を象徴する。スターバックスで注文するときに緊張する、フェイスブックでの見た目を気にしすぎるといったものや、パソコンやスマホを見すぎて心身の不調を訴えるVDT（ビジュアル・ディスプレイ・ターミナル）症候群といったものまである。

Chapter 4-14

異常性格者の特徴

解説 精神医学者シュナイダー（P214参照）は、異常性格の定義を「パーソナリティの異常性のため、社会もしくは本人が悩むもの」とし、10の精神病質を挙げた。

トリセツのヒント 周囲の「困った人」に性質を当てはめてみたり、自身が周りとうまくいっていないなら、該当するところがないか考えてみよう。

自分も社会も悩ませる人たち

　精神病質とは、反社会的人格を意味する心理学用語。英語でいうところのサイコパスのこと で、良心が「異常」に欠如している人をさす。シュナイダーは10の類型を挙げているが、DSM（Diagnostic and Statistical Manual of Mental Disorders）-5（精神疾患の診断・統計マニュアル）でも反社会性パーソナリティ障害として、精神障害のひとつに数えられている。

意志薄弱タイプ

他人から影響を受けやすく軽薄なタイプ。周辺にいる悪い連中に感化され、犯罪に走ることもある。

軽率タイプ

おっちょこちょいなタイプといえて、些細なことで逆上しがち。いろいろな場面で問題を起こすトラブルメーカー。

爆発タイプ

些細なことで暴力的な行動を起こす気の荒いタイプ。周囲からすれば怒るようなことではない場合でも感情が爆発する。

情性欠如タイプ

道徳的感情を持ち合わせていないタイプで、残忍な犯罪を犯す可能性がある。極端に冷淡な印象を与えることが多い。

気分屋タイプ

唐突に興奮したり、一方で突然落ち込んだりするところがある。突発的に放火や万引きをする可能性があるとも。

抑うつタイプ

何に対しても悲観的で、懐疑心が強い。不幸があるほうが落ち着く傾向があり、他人の不幸を喜ぶ側面がある。

自己顕示タイプ

自分を実際以上によく見せたいというタイプ。虚言癖があったり、注目を集めたがるような行動がしばしば見受けられる。

狂信タイプ

自分にこだわる個人的な狂信者や、理想にこだわる理念型の狂信者がいる。権利を主張しがちで、裁判を好む傾向がある。

自信欠如タイプ

周囲にどう思われているか病的に気にするタイプ。何かあるとまっさきに自分を責め、過剰に落ち込む。

無気力タイプ

神経質で、過剰に自己分析をしてしまい、「自分は不十分な存在」だと常に感じている。

第5章
仕事に役立つ心理学

会社や仕事への適応も大きな課題だ。本章ではまず学習・記憶について、そしてより具体的な交渉やモチベーションアップの方法を解説する。記憶のメカニズムを知ればうっかりミスもなくなるだろうし、相手への接し方をひと工夫するだけで、上司や部下、会社のチームとの関係が良好になる。あなたがより働きやすくなるためのヒントを伝授する。

Chapter 5-1	記憶のメカニズム
Chapter 5-2	エピソード記憶と意味記憶、手続き記憶
Chapter 5-3	顕在記憶と潜在記憶
Chapter 5-4	記憶は変わる――虚記憶
Chapter 5-5	自伝的記憶
Chapter 5-6	展望記憶
Chapter 5-7	高齢者の記憶
Chapter 5-8	記憶を引っ張り出す方法
Chapter 5-9	問題解決のテクニック
Chapter 5-10	片面提示と両面提示
Chapter 5-11	フット・イン・ザ・ドア・テクニック
Chapter 5-12	ドア・イン・ザ・フェイス・テクニック
Chapter 5-13	ロー・ボール・テクニック
Chapter 5-14	古典的条件づけ
Chapter 5-15	オペラント条件づけ
Chapter 5-16	外発的動機づけ
Chapter 5-17	内発的動機づけ
Chapter 5-18	社会的動機づけ
Chapter 5-19	ハーズバーグの動機づけ
Chapter 5-20	欠乏動機と成長動機
Chapter 5-21	バンデューラの実験
Chapter 5-22	ピグマリオン効果
Chapter 5-23	PM理論
Chapter 5-24	部下にやる気を起こさせる方法
Chapter 5-25	ホーソン効果
Chapter 5-26	モノの頼み方
Chapter 5-27	叱る、命令の技術
Chapter 5-28	割れ窓理論
Chapter 5-29	ハインリッヒの法則
Chapter 5-30	ハロー効果
Chapter 5-31	ザイアンスの法則
Chapter 5-32	リンゲルマン効果
Chapter 5-33	同調・集団の圧力
Chapter 5-34	傍観者効果
Chapter 5-35	リスキーシフト
Chapter 5-36	成果を上げるチームをつくるには？

Chapter 5-1

記憶のメカニズム

解説 学習したことを覚えているのが記憶。記憶には「記銘」「保持」「想起」という3過程がある。

トリセツのヒント 情報がどのように記憶となるのか、覚えたものを引き出すにはどんなメカニズムが働くのかを知り、ド忘れをなくす。

記憶の3段階

記銘、保持、想起と3段階あるが、本当に記憶したかどうかは想起してみないかぎりわからない。よくあるド忘れは、想起できない状態であり、情報は貯蔵庫のどこかにある。

★ **記銘：体験したことを覚える**
得た情報を記憶に正しく入れること。記憶に適した形に変えることを符号化という。

★ **保持：頭の中で情報を保存**
ある期間、記憶を保存すること。貯蔵庫に入れるイメージ。

★ **想起：保持された情報を思い出す**
貯蔵庫にある情報を検索し、正しく取り出す。

感覚記憶と短期記憶と長期記憶

記憶には感覚記憶、短期記憶、長期記憶がある。まず外部の情報は感覚記憶という貯蔵庫に入る。この時点で大部分が消失する。感覚記憶のうち意識的に選択されたものは短期記憶として次の貯蔵庫へ、そして何度も復唱するなどのリハーサルによって、長期記憶の貯蔵庫に入る。

★ 感覚記憶
一瞬たくわえる
見たり聞いたりしたものを一瞬たくわえるが、多くが消失。興味をひくいくつかの情報が短期記憶となる。

★ 短期記憶
15～30秒の貯蔵庫
聞いた電話番号など、一時的な情報を復唱(リハーサル)することで、貯蔵時間を長くすることができる。

★ 長期記憶
半永久的に記憶する貯蔵庫
大量の情報から大切なものを貯蔵する。長期記憶には、エピソード記憶や意味記憶などがある。

エピソード記憶と意味記憶、手続き記憶

解説 長期記憶は3種類に分けられる。自分が体験したある出来事としての記憶である「エピソード記憶」、知識として蓄積されている「意味記憶」、からだで覚えている「手続き記憶」だ。

トリセツのヒント 長期に記憶される情報の種類を知れば、これから何かを覚えるときのコツがわかる。からだで覚えると忘れにくい。

体験すると記憶は長く貯蔵される

強烈な体験は記憶に長く留まるもの。何かを覚えたければ、体験とともに覚えると、記憶は鮮明によみがえる。

★ **エピソード記憶**
「ピサの斜塔を見た直後に、彼氏と別れたんだった」というように、体験したときの場所や時間、エピソードとして記憶。

★ **意味記憶**
「日本の首都は東京」というような、一般常識や知識としての記憶。いわゆる勉強は意味記憶の領域。

★ **手続き記憶**
自転車の乗り方、歯磨きの仕方などは、言葉では説明しにくい、からだの記憶。一度覚えると忘れない。

顕在記憶と潜在記憶

解説 認知心理学では記憶には、「顕在記憶」と「潜在記憶」とがあると考えられている。顕在記憶は自分で思い出そうとすれば思い出せるもの。潜在記憶は、思い出すつもりもないのに思い出してしまう記憶をいう。

トリセツのヒント 記憶を引き出すときの手がかりとして、潜在記憶を引き出す方法（P176参照）が役立つ。

引っ張り出す記憶と浮かび上がってくる記憶

意識して思い出すエピソード記憶は「顕在記憶」。反射的に思い出せる意味記憶や手続き記憶は「潜在意識」といえる。

★ 顕在記憶

自分で思い出そうとして思い出す記憶
「あれ、なんだったっけなあ」と意識し、よみがえらせようとする記憶。エピソード記憶にも似ている。

★ 潜在記憶

思い出すつもりがないのに無意識に思い出す記憶
問題が与えられたとき、パッと答えが出たり、ひらめいたりする記憶。たとえば連想ゲームをするとき、あらかじめ「何か」の話をしておくと、その「何か」が連想されやすくなる。

・・・・・・・・・・・・・・・・・・・・・・・・・・・・・・・・・・ Knowledge

記憶をチェックするテストには再生法と再認法とがある。選択肢から選びなさいと手がかりを与えるのが再認法。手がかりがないのが再生法。再認法のほうが思い出しやすい。

Chapter 5-4

記憶は変わる
──虚記憶

解説 学習や体験をしていない、まったくなかったはずの記憶。記憶は変化し、ときに塗りかえられるのだ。

トリセツのヒント 相手の記憶をコントロールできるが、悪用は厳禁である。自身の記憶も変わる点を知れば、自己防衛にもつながるだろう。

偽りの記憶は、案外ひんぱんに起きている

認知心理学者ロフタスの実験で、兄姉から弟妹へカードを渡し、昔の思い出について書き記してもらうというものがある。渡されたカードの多くが実際起きた出来事なのだが、ひとつだけ嘘の出来事を紛れ込ませたところ、弟妹は、ありもしなかった出来事にもかかわらず詳細に思い出を書いたという。

ほらほら、小学生のとき、一緒にカブトムシとりにいったじゃん！

そんなことあったっけ？

犯罪事件などの目撃証言が質問次第で変わることもある。このように記憶が後に変わることを「事後情報効果」と呼ぶ。

Chapter 5-5

自伝的記憶

解説 エピソード記憶のうち、自身のアイデンティティを構成するような記憶。大人になったら美化されることもある。

トリセツのヒント ポジティブな自伝的記憶を持てるよう、否定的だった体験を肯定的に考えられるようになれれば、自己は安定する。

思い出す時期によって、自伝的記憶は変わる

母親の愛情について、思春期だったらうっとうしく感じたかもしれないが、年をとるにつれ、「あれは愛情だったんだな」と、厳しかった母親を思い出せるようになる。同じ記憶でも、自伝的記憶は時々で再構成されて想起される特徴がある。

においや味がきっかけになって過去の記憶がフラッシュバックすることがないだろうか。これをプルースト現象という。小説『失われたときを求めて』の「マドレーヌを口にしたら幼少期の記憶がよみがえった」というエピソードからそう呼ばれている。

Chapter 5-6

展望記憶

解説 将来に向かっての記憶。これから何をするかという予定を記憶する。「明日はゴルフ」「夏休みにハワイにいく」といった予定を覚えること。

トリセツのヒント 明日やそれ以降の予定を忘れず覚えておくことやモノ忘れを防ぐためにメモやアラート機能を使うことを習慣化しよう。

展望記憶に自信がないなら、メモをお忘れなく

一度聞いたら全て覚えてスケジュール帳いらずという人もいるが、多くの人は、展望記憶は書かないと忘れてしまう。自信のない人はまずはメモだ。また、うっかり忘れてしまいがちな相手に困っている人は、その人に締め切りを告げるなど緊張感を与えると、明日やることを覚えておいてくれやすくなる。

明日の17時OK!!

はい、わかりました!!

展望記憶は脳卒中などの脳障害でうまく働かなくなるケースがある。リハビリにより克服していく。

P65で紹介した「ツァイガルニク効果」を使うと、モノ忘れの多い人への対策ができるだろう。人は達成したものは忘れやすいが未達成のものは覚えている。この性質を利用するのだ。

Chapter 5-7

高齢者の記憶

解説 認知症など、歳を重ねるとモノを忘れやすくなるが、短期記憶が低下するだけで長期記憶は維持できていることが多いという。

トリセツのヒント モノ忘れがひどくなったとき、認知症の家族をケアするときに知っておきたい知識。周囲でできる予防と対策を考えよう。

思い出せないのではない、覚えられなくなる

認知症になった老人をみても、昔のことはよく覚えていて、忘れているのは今さっきのことというケースが多い。つまり一瞬で消える感覚記憶や、15〜30秒で忘れてしまう短期記憶に難が出てしまうのだ。

昔のことはよく覚えている

昨日のエピソードを忘れる

モノ忘れがひどくなった、認知症になった人へは、エピソード記憶をしっかり思い出してもらえるよう声をかけてみるといい。また、手続き記憶である毎日の作業など、何か役割をお願いすることも認知症対策につながる。

Chapter 5-8

記憶を引っ張り出す方法

解説 記憶の貯蔵庫から記憶を引っ張り出す手法のいくつかを紹介する。自身に合った記憶法を身につけてみてはどうだろう。

トリセツのヒント 受験や資格試験、日々の勉強の際に役に立つ。

さまざまな記憶法

古代ギリシアの時代から、いろいろな記憶法が開発されてきた。効果的なのは、イメージを活用する方法だといわれる。記憶は関連するもの同士でネットワークをつくり、特に関連の大きいもの同士が結びついて記憶を強化するとされる。

場所法
「カギは玄関に」など、場所に記憶したいことを結び付けて覚える。

語呂合わせ法
歴史の年号を覚えるのによくやった方法。数字を仮名に置き換える。

「794」うぐいす平安京（なくよ）

物語法
覚えたいものを組み込んだストーリーを考え、言葉とイメージで覚える。

頭文字法
記憶したいものの頭文字をとって覚える方法。

ペグワード法
数字と記憶したいものを適当なキーワード（ペグワード）で結び付け、順に覚えていく方法。

イメージ法
単語を覚えるときなど、奇抜なイメージとともに覚える方法。

Chapter 5-9

問題解決のテクニック

解説 生きていると問題に直面してばかりだ。そんなときの解決手法、試行錯誤とアルゴリズム、ヒューリスティックを紹介する。

トリセツのヒント 問題解決の場面に遭遇したときの参考にしてみてほしい。

あれこれやってみよ。猫に学ぶ試行錯誤

米国の心理学者ソーンダイク（P212参照）は、箱の中に猫を入れ、実験した。飛び跳ねたり、戸をひっかいているうちに扉があき、エサにたどりついた。これを繰り返すうちに、猫は扉を開ける方法を覚えたという。このように試行を繰り返すことで問題解決を図るのを試行錯誤という。

試行錯誤に対して、物事を観察してからある見通しを立てて行動し、問題解決を図るのが「洞察」。試行錯誤するまえにいったん立ち止まり、情報を整理することが大切。

アルゴリズムとヒューリスティック

アルゴリズムとは問題解決に至るまでのすべての操作を行うこと。確実に問題解決できるが、時間がかかりすぎる。AI（人工知能）に任せたい方法だ。

人工知能は1秒間に途方もない回数の計算をこなすことができるのだから、アルゴリズムではかなわない。

ヒューリスティックとは、解決までの時間短縮のため「アタリ」をつけて問題解決を図る手法。効率がいいので、人間はだいたいこちらを行っている。経験に基づく勘が必要になる。

経験則がものをいう一方で、経験則にこだわりすぎると問題解決から遠のくこともあるので気をつけたい。

片面提示と両面提示

解説 人に何かを伝えるとき、長所だけを伝えるか、長所短所双方を伝えるかの、ふたつの方法がある。双方のメリットを考えてみよう。

トリセツのヒント セールストークや恋愛の場面など、交渉するときや説得するときに役に立つ。また相手から提案を受けるときに気にしてみるのもいい。

真の信頼を築くためには両面提示を

交渉ごとで自分の短所や自社の弱みを伝えるのはデメリットになると考えがち。つい自分たち本位の情報を伝えることに終始しがちだ。だが、いったん隠した短所が相手の目に触れたとき、あなたへの信頼が崩れるかもしれない。

★ **片面提示**（へんめん）
売りたい商品のいいところだけを伝えるなど、主張したい点だけを相手に表示する。ことさら安い、掘り出し物と言われたときは、言葉の裏側にも目を向けてみよう。

★ **両面提示**
売りたい商品の長所だけでなく、短所も伝える。悪い面も伝えるだけにすぐの承諾は得にくくなるかもしれないが、その真摯な姿勢が評価につながるという側面もある。

Chapter 5-11

フット・イン・ザ・ドア・テクニック

解説 最初に簡単な要求を行い、次の要求ではより難しい内容を提示する交渉方法。まずは一歩相手の懐に入る方法だ。

トリセツのヒント 人に頼みごとをするときに活用できる。段階的要請法とも言われ、一段一段、交渉内容の度合いを高めていく。

借金のお願いなどでの悪用厳禁!

人に頼みごとをするときは緊張したり、相手の気持ちが気になるもの。フット・イン・ザ・ドア・テクニックでは、まずは相手のドアを少し開け、そこに足を一歩踏み入れられれば、あとは自然と中に入れると考える。

まずは簡単な頼みごとから始める。「まあこれくらいならいいか」と思ってもらえる条件を提示する。

もし要求に応えてくれたら、次はさらに大きな要求を。相手からこのような交渉をされたら、「断る力」が必要になる。

Chapter 5-12

ドア・イン・ザ・フェイス・テクニック

解説 譲歩的要請法とも呼ばれ、まずは断られることを見越したうえで大きめの要請をした後、次に本来期待する要請を行う。

トリセツのヒント 営業マンが見積もりを出すときに活用できるテクニック。値引かれることを想定して、交渉する。

「出血お値引き」は織り込み済み

ビジネスの現場では「値引けないの？」というのは、挨拶のようなものだ。営業や提案の際に何かをお願いする場合は、そもそも譲歩することを前提に話を持ちかけてみるといい。相手もそれをわかって駆け引きを楽しんでいることもある。

拒否されることを見越して、まずは多額の提案を行う。

断られたときは、適正（？）な用意していた額の提案へと譲歩する。

ロー・ボール・テクニック

解説 承諾先取り要請法といわれる交渉術。人はいったん承諾してしまうと次から断りづらくなる習性がある。それを利用する。

トリセツのヒント オイシイ話は転がっていないもの。交渉を受けるときは、耳ざわりのいい言葉にはくれぐれも注意しよう。

特約事項など、契約内容に気をつけよう

ロー・ボール・テクニックは最初にいい条件を出して、まずは相手の承諾を得る。そしてその後理由をつけて条件を変えてしまうのだ。人は一度決めたことには義務感も働き、条件の変更を飲む場合が多いという。

家賃保証をうたい文句に契約をとったうえで数年後、保証した家賃を下げるなんて話もある。高い利子で返済することを理由にお金を借りたものの、その後に利子を低くしてほしいと要請する人もいる。

Chapter 5-14

古典的条件づけ

解説 古典的条件づけ(レスポンデント条件づけ)とは、学習の一形態である。ある刺激とある刺激を結びつけることによって、次第に片方の刺激からだけで反応が生じるように変わっていくこと。パブロフの犬の実験が有名。

トリセツのヒント 古典的条件づけを利用すれば、仕事への意欲が高まるかも? 実際、人も昼のチャイムが鳴るとお腹が減ったなと感じる生物だ。

有名なパブロフの犬の実験

ロシアの生理学者パブロフは、犬にエサを与えるときに必ずベルの音を聞かせるという実験を行った。犬にエサを与えると、犬は自然に唾液を出す(無条件反射)。すると次第に、ベルの音を聞くだけで犬は唾液を出すようになる(条件反射)。ベルを聞いただけで唾液を出すのは学習の成果であり、これを古典的条件づけと呼ぶ。

仕事で胃が痛くなる経験を重ねると、仕事のことを考えただけで胃が痛くなる人も。心地よい環境で仕事をするのも重要だ。

Chapter 5-15

オペラント条件づけ

解説 ある行動に対し報酬や罰を与えられると、その結果に適応して自発的に行動するようになる学習行動のこと。アメリカの行動心理学者スキナー（P212参照）の実験が有名。行動主義の基礎理論。

トリセツのヒント 報酬を貰えるならば、ネズミだけでなく、人間だってもっと頑張る生き物である。上手に褒めて、人を動かそう。

ご褒美が与えられると、ご褒美を求めて学習する

スキナーは、箱に空腹のネズミを入れ、レバーを押すとエサが出てくる装置をつくった。ネズミは、最初はエサを求めて無作為に動き回っているが、たまたまレバーを触れたときにエサが出てくることを知ると、そのことを学習してレバーを多く押すようになった。エサという報酬によってレバーを押す行動が強化されたのだ。

ネズミがレバーを押すとエサが出る。偶然レバーを押してエサが得られたネズミは、エサが欲しいときはレバーを押すことを学習する。これをオペラント条件づけという。人間の行動にも、この報酬と強化の考え方が応用できる。

Chapter 5-16

外発的動機づけ

解説 外発的動機づけとは、報酬を得るためや罰を避けるため、義務を果たすためなど、外部から与えられる強制力による動機づけのこと。「テストで100点取ればご褒美が貰える」などが外発的動機づけにあたる。

トリセツのヒント アメとムチを使った動機づけは、短期的には有効だが、モチベーションが長続きしない。心当たりがあるのではないだろうか。

アメとムチでは長続きしない

外発的動機づけでは、やる気の源は外部からもたらされたものである。その結果として報酬を得ることや罰を避けることが目的になってしまい、やる気が長続きしない。絶えず誰かがアメやムチを与え続けなければ行動しないという弊害も起こる。

ただ短期的には強力で有効な手段なので、うまく利用することが重要だ。

内発的動機づけ

解説 内発的動機づけとは、興味や好奇心、関心からもたらされる動機づけのこと。外部からの賞罰に依存しない、自分の内面からわき起こる動機で、「いい仕事がしたい」「勉強が楽しい」などがこれに当たる。

トリセツのヒント モチベーションを長続きさせるためには、内側からわき起こるやる気や行動そのものに喜びを見出すことが大事である。

やる気を長続きさせるコツ

内発的動機づけでは、やる気の源は自分の内側からわいてくるものである。結果が得られた時の達成感、能力を発揮できていると感じる有能感、自分が思うようにできると感じる自己決定感も内発的動機づけにあたる。

外発的動機づけがされているグループより、内発的動機づけがなされているグループのほうがやる気が長続きし、成果を上げるということが実験で証明されている。

Chapter 5-18

社会的動機づけ

解説 動機づけ（モチベーション）とは、行動を起こさせ、目標に向かって維持する心理的機能のこと。アメリカの心理学者マレーは、動機づけを生理的欲求と社会的欲求に分類した。

トリセツのヒント 動機づけをコントロールするためには、どのような動機づけが働いて行動を起こしたのかを理解することが役に立つ。

人を動かす動機とは

マレーは、生存の為に不可欠な食事・睡眠などの生理的欲求を一次的欲求、社会生活を営む上で必要な社会的欲求を二次的欲求とした。さらに、マレーは二次的欲求である社会的動機を細かく分類している。

遊戯動機
おもしろいことがしたい

秩序動機
しっかり生きたい

理解動機
もっと知りたい

変化動機
新しいことがしたい！

屈辱動機
自分を責めたい

攻撃動機
相手を屈服させたい

自律動機
束縛されたくない

支配動機
人の上に立ちたい

服従動機
優れた人に従いたい

顕示動機
目立ちたい

援助動機
困っている人を助けたい

依存動機
甘えたい

異性愛動機
異性に好かれたい

達成動機
目標をやりとげたい!

親和動機
好きな人といたい

屈辱回避動機
軽蔑されたくない

Chapter 5-19

ハーズバーグの動機づけ

解説 臨床心理学者ハーズバーグ(P215参照)が提唱した動機づけ理論。仕事において満足をもたらす要因と不満をもたらす要因は異なるとした。

トリセツのヒント 相手が本当に望んでいることがわかる。会社や周りのメンバーを、やる気にさせるために必要なことを知ろう。

与えてもらいたいことと、できて当たり前のこと

ハーズバーグは、仕事において満足をもたらす要因を「動機づけ要因」とし、これを与えると満足度が高まり、モチベーションが高まるとした。一方、不満をもたらす要因を「衛生要因」とした。こちらを整えることで不満は解消できるが、満足度やモチベーションの向上には結びつかないとした。

動機づけ要因
・仕事の達成感
・責任範囲の拡大
・能力向上や自己成長
・挑戦的な仕事　など

衛生要因
・会社の方針
・管理方法
・労働環境
・作業条件　など

経営者やリーダーなど、人を動かす立場の人は、特に知っておきたい理論。

Chapter 5-20

欠乏動機と成長動機

解説 欲求5段階説（P27参照）を提唱した心理学者マズローの動機理論。人は、欠乏動機と成長動機により行動を起こすとした。

トリセツのヒント 「危機感を与える、目標を与える」。部下やメンバーが、欠乏動機タイプか、成長動機タイプかを見抜いて、人を動かす。

成長動機は、高次元の動機

欠乏動機は本能に近い動機といえる。「怒られたくない」「恥をかきたくない」など、危機を回避するために行動する傾向がある。一方、成長動機はより次元の高い動機で、「社会の役に立ちたい」「自己実現を目指したい」など、能動的といえる。

★ 欠乏動機の強み
恐怖や不安を源泉として行動するので、否が応でも行動する。

★ 成長動機の強み
自己実現のために行動するので、能動的。

★ 欠乏動機の弱み
ストレスで過剰に緊張したり不安を抱えてしまう。他人に依存しがち。

★ 成長動機の弱み
その行動力ゆえ、周囲を置いて暴走してしまいがち。好不調の波が大きい点もある。

Chapter 5-21

バンデューラの実験

解説 カナダの心理学者バンデューラ(P213参照)が行った実験で、他者の行動を観察することでも学習が成立することが明らかになった。

トリセツのヒント 賢者は人の経験から学ぶというように、他人の行動を観察することでも学習ができる。周りをいま以上に観察しよう。

モデリング

　バンデューラは、学習者自身が体験しなくても他者の観察（モデリング）で学習が成り立つことを、実験で明らかにした。まず、幼稚園児をふたつのグループに分け、Aグループには大人が人形を攻撃する様子を、Bグループには人形と仲良く遊んでいる姿を見せた。その後、園児たちを人形で遊ばせると、Aグループの園児は大人と同じ攻撃行動をとるという結果が出た。

大人は子どもたちに見られて、自然と影響を与えていることを自覚しよう。まさに背中を見て育つことが、心理学的にも実証されているのだ。

Chapter 5-22

ピグマリオン効果

解説 アメリカの教育心理学者ローゼンタールがヤコブソンとともに行った実験で「教師が生徒に対して抱く期待によって生徒の成績が上がる」ことを明らかにした。その効果のことで、別名ローゼンタール効果ともいわれる。

トリセツのヒント 育てたい誰かがいるのなら、まずは期待をかけてあげること。そして褒める。褒められた側の意識が前向きに変わっていくはずだ。

褒めるタイプか叱るタイプかを見極める

人は期待されると頑張り、達成しようと動くようになる。褒めて伸びるタイプは、些細なことでも構わないので、よく観察して良いところを見つけること。一方、叱るほうが効果的なタイプもいるので、どちらが適切かを見極める必要がある。

期待をかけると次第に期待に沿うように変化していく。

・・・・・・Knowledge

自己成就予言：周囲から褒められることで、自分に対して期待をもつようになり意識的、あるいは無意識的にそのように変化していくこと。

PM理論

解説 社会心理学者の三隅二不二考案の理論。P（Performance function）つまり「目標達成機能」とM（Maintenance function）つまり「集団維持機能」のふたつの軸で、リーダーシップを4種に類型化した。

トリセツのヒント リーダーシップの4タイプを知り、自身の足りないところを補おう。また、自身に合ったリーダーシップも知ることだ。

PとMふたつの軸でわかるリーダーシップ

行動論的アプローチから、優れたリーダーに共通する行動を一般化したのがPM理論。PM理論では、目標設定や計画立案、メンバーへの指示などにより目標を達成する機能のP「目標達成機能」と、集団内の人間関係を良好に保ち、集団のまとまりを維持する機能のM「集団維持機能」の大小によってリーダーシップを「PM型」「Pm型」「pM型」「pm型」の4種に類型化した。自分の特性について意識してみよう。

P「目標達成機能」
目標達成のために集団内のメンバーに働きかけ、生産性を高める。

M「集団維持機能」
集団の存続のため、メンバーの立場を理解し人間関係を良好に保つ。

6個の質問からわかる、リーダーシップのタイプ

以下の問いに「イエス」「ノー」で答えると自分のリーダーシップのタイプが見えてくる。

- Q1　残業が多くても苦にならない
- Q2　仕事を後輩に教えるより自分でやったほうが早い
- Q3　条件がよければいつでも転職する
- Q4　社員旅行には必ず参加する
- Q5　他人に自慢できる趣味がある
- Q6　学生時代に生徒会長やクラブの部長をやっていたことがある

1〜3の質問にふたつ以上「イエス」の人はPで、ひとつ以下の人はp。4〜6の問いにふたつ以上「イエス」の人はMで、ひとつ以下の人はm。これら（P・p）と（M・m）を組み合わせたものがリーダーシップのタイプを表す。

PM型	リーダーシップの理想像で、成果をあげられ集団の統率力もある
Pm型	目標を明確にし成果をあげるが、人望がなく集団の統率力は低い
pM型	集団の統率力は高いが、生産性が低い
pm型	生産性も集団の統率力も低くリーダーには不向き

Chapter 5-24

部下にやる気を起こさせる方法

解説 目標を大勢に公表することをパブリック・コミットメントという。個人のモチベーションも高まり、チームも団結し、士気を上げることができる。

トリセツのヒント 社員や部下の士気が低下しているときに活用したい。決起会や朝礼で活用してみよう。

パブリック・コミットメントを活用しよう

自分だけでなく、大勢の前で目標やこれからすることを宣言し公表すること(パブリック・コミットメント)で、やらざるをえない状況になり目標を達成できる確率が高くなる。とはいえ、基本的には外発的動機づけよりも内発的動機づけのほうがモチベーションが高まり、やる気が持続するので、長期的にやる気を上げたいのか短期的に上げたいのかで、両者を使い分けるといい。

新規プロジェクトを成功させてみせます！

目標を公言・公表することで周囲からの期待をうけ、それに応えようと頑張るようになる。

Chapter 5-25

ホーソン効果

解説 周囲から特別扱いされることで自己顕示欲が満たされ、能力や体調などが向上し、普段以上のことを成し遂げてしまう効果のこと。

トリセツのヒント 自己顕示欲を満たし幸福感が高まると、人は普段以上の働きをするようになるので、うまく相手の心をくすぐってあげるとよい。

人の期待に応えたい

自分だけが他と違った特別扱いをされると調子にのっていい気になってしまう。自分は周囲から認められていないと感じていたり、あるいはもっと認めてほしいと願っている人ほど、特別扱いをされたときに感じる快感や幸福感はそうでない人よりも高くなる。上司や同僚などに注目されたら、調子にのっていい気になってみると生産性が上がるかもしれない。

① 周囲から注目される
⇩
② 満足感・テンションアップ
⇩
③ 見合った行動をとる
⇩
④ いろんなことがうまくいく

モノの頼み方

解説 わずかな伝え方の工夫で、自分の意見を相手に承諾してもらいやすくなるのが、カチッサー効果とクライマックス法、アンチクライマックス法だ。

トリセツのヒント 営業、プレゼン、頼みごと、あらゆる交渉の際のヒントになる。TPOに合わせて使い分けてみたい。

理由を伝えて承諾率アップ

カチッサー効果とは、「働きかけにより、人は深く考えることなくある行動を起こす」という心理現象。心理学者エレン・ラ

コピーを邪魔されたくないのは当たり前にもかかわらず、多くの人が承諾している。人に何かを頼むときは、ただ「○○してもらえますか?」というのではなく、理由(あまり関係ないことでも)をつけると承諾されやすい。

要求のみを伝える 60%
先にコピーをとらせてもらえませんか?

本当の理由を伝える 94%
急いでいるので、先にコピーをとらえてもらえませんか?

もっともらしい理由を伝える 93%
コピーをとらなければならないので、先にコピーをとらえてもらえませんか?

ンガーが、コピー機の順番待ちに割り込んで先にコピーをとらせてもらう実験を行い証明した。実験内容と承諾率は、左下のとおり。

相手によって話の組み立て方を変えてみる

話の組み立て方により、結論を最後にもってくるのをクライマックス法、先に結論を言うのをアンチクライマックス法という。相手の性格や向いている場面があるので、それぞれを知り使い分けてみよう。

★ クライマックス法

先に説明をして、最後に結論を伝える。形式にこだわる人や粘り強い相手に向いている。面談や面接、相手がそもそもこちらの話に興味をもっているケースに向いている。

★ アンチクライマックス法

先に結論を言って、あとから説明をする。論理的で合理的、せっかちな相手に向いている。プレゼンや初回の営業など、相手に聞く準備ができておらず、こちらに興味をもっていないケースに向いている。

··· Knowledge

エレベーターピッチという話術がある。クライアントや上司とともにエレベーターに乗る、わずか15〜30秒ほどで要件を伝える方法だ。前置きをせずに核心から伝え、限られた時間を有効活用する。こちら側の要求だけでなく、相手のメリットも完結に伝えられるとよりいい。

叱る、命令の技術

解説 叱るときは感情が表に出やすいため、隠れた心理が浮かびあがってくる。相手がどのような態度かを冷静に見ると、あなたに対する深層心理がわかる。

トリセツのヒント 上司の性格を見抜く絶好のチャンス。以下の例を参考にして、より信頼度をあげる叱り方、命令の仕方も身につけてもらいたい。

叱り方からわかる心理

冷静に叱ったり命令するのではなく、なかば逆上気味に部下を罵倒するようなとき、その人は自身の精神の安定を図っているともいえる。人は感情的に叱るとき、隠れていた心理が表れる。特徴的なケースを3例紹介する。

★ わざわざ部下の席まで来て、叱る

上下関係を重視する人。相手は自分より下の者だという意識から、見下すように命令してくる。保身に目がいきやすく、ミスをした際にかばってくれるかどうか、信用できない。

自分に出世優先、部下の手柄も自分のものにするタイプかもしれない。ミスを部下のせいにする可能性もある人なので、気をつけて付き合おう。

★ 自分の席に呼びつけ、叱る

自分は座ったままで部下を立たせて叱っている場合、自分の地位は絶対的であると考えている。部下は自分の持ち駒であるという意識があり、ついていきたくないタイプだ。

部下を必要以上に罵倒するような上司もいるものだ。そのような人は内面にコンプレックスを抱えていることが多い。

★ 人目のない場所に呼んで、叱る

自分と部下を人間として同格と考え、立場を尊重してくれている。部下のことを思って叱ってくれているのがわかる。ついていきたいタイプである。

人目につかないところで叱る。このような配慮は、あなたが誰かを叱る際にも参考にしてもらいたい姿勢である。

・・・ Knowledge

左遷やリストラ、減給など、負荷の高い要求を行うときは、「申し訳ないのだが……」と下手に出るより、むしろ「失敗したから左遷」「業績が悪いから減給」と、はっきり伝えたほうが相手の不快感が減るという研究結果もある。

割れ窓理論

解説 アメリカの犯罪学者ジョージ・ケリングとジェイムズ・ウィルソンが発表した理論で、「軽微な犯罪を放置するとそれがより重大な犯罪の起きやすい環境をつくり出す」ことをさす。

トリセツのヒント 社内のちょっとした風紀の乱れなど些細なことにも気を配るといい。きれいな職場が好業績を生む。

6Sきっちり凡事徹底

ブロークン・ウィンドウ理論や壊れ窓理論ともいい、「建物の窓が壊れているような些細なこと（凡事）を放置すると、それが誰も注意を払っていないという象徴になり、やがて他の窓もすべて壊される」。6S（整理、整頓、清潔、清掃、作法、躾）はおろそかにしないように。

ひとりひとりが些細なことにも気を配っていくことで全体としても良い環境が保てる。

ハインリッヒの法則

解説 1:29:300の法則ともいわれ、1件の重大な事故の裏には29件の軽微な事故があり、さらに300件のヒヤリ・ハット(重大な事故には至らなかったものの、そうなっていてもおかしくない事例)があるとされる。

トリセツのヒント ヒヤリ・ハットをなくせば重大な事故・災害は防ぐことができる。そのためには不安全な行動と状態をなくす取り組みが必要である。

事故・災害のピラミッド構造

後に「災害防止のグランドファーザー」と呼ばれるようになる、アメリカの損害保険会社にて技術・調査部の副部長を務めていたハーバート・ウィリアム・ハインリッヒによって導き出された法則。重大事故・災害を防止するためには、ヒヤリ・ハットが起きた段階で対処していくことが必要であるが、そのためには日頃からひとりひとりが凡事徹底しておく必要がある。

ハロー効果

解説 アメリカの心理学者ソーンダイクによる造語で、ある顕著な特徴に引きずられて他の特徴がポジティブあるいはネガティブな方向にゆがめられる心理学的効果を指す。後光効果、威光効果ともいわれる。

トリセツのヒント 印象操作で営業マンの売上アップに活かせる。また、避けられる損をしないためにもネガティブ・ハロー効果にご用心。

人は見た目が何割か？

ハロー効果は認知バイアスのひとつ。2種類あり、ポジティブに認知される「ポジティブ・ハロー効果」では、有名大学の卒業だったり、字が綺麗というだけで、人格までも優れていると評価される傾向がある。一方、「ネガティブ・ハロー効果」では、高卒だったり字が汚かったりすると実際には仕事ができていても評価されづらいというようなことが起きてしまう。

綺麗な見た目だと後光がさし、高学歴だというだけで優秀な人材と評価されるが、学歴詐称はダメゼッタイ。

Chapter 5-31

ザイアンスの法則

解説 アメリカの心理学者ザイアンスが発見した法則で、人はモノや人に対して接触回数が多いほど好印象をもつようになる。単純接触の効果とも呼ばれる。

トリセツのヒント 好感度をアップするには接触頻度を増やすのが効果的。60分の面談1回より、10分の面談6回のほうが効果が出やすい。

人は接触回数が多いほど好印象をもつ

ザイアンスは次のような実験を行った。《大学の卒業アルバムの中から12人の写真を選んで、被検者に見せる》《各写真を見せる回数は写真によって1回〜25回とランダム》《写真をすべて見せ終わってから12人の写真を並べて一番好印象をもった写真を選んでもらう》《被検者は25回見せられた写真を選んだ》。この実験から彼は「人は接触回数が多いほど好印象や好感をもつようになる」というザイアンスの法則を発表した。

接触回数が増えれば好感度や印象がアップするため、恋愛でも1回であきらめずに根気強くアプローチすると成功率が上がるかもしれない。

Chapter 5-32

リンゲルマン効果

解説 単独で作業をするよりも集団で作業をしたほうが、ひとり当たりの作業量が低下する現象を指す。社会的手抜きともいわれる。

トリセツのヒント 集団でのパフォーマンス向上のために、個人の意欲を高め貢献度や成果がわかるようにするとよい。

綱引きでわかった人間の集団心理

人間は集団になるとひとり当たりの全体への貢献度や成果が見えにくくなるため、個々の意欲が低下し、「少しくらい手を抜いても構わないだろう」と考え、単独での作業よりも効率が低下する。ドイツの詩人ゲーテいわく「自分ひとりで石を持ち上げる気がなかったら、ふたりでも持ち上がらない」。言い得て妙である。

フランスの農学者リンゲルマンは、綱引きの実験で、綱を引く人数が増えるほどひとり当たりの綱を引く力が小さくなることを数値化した。

Chapter 5-33

同調・集団の圧力

解説 人は周りの意見に自然と同調してしまう生き物。集団の無意識の圧力に影響を受けてしまう。

トリセツのヒント 人が多いほど同調は起きやすくなる。何かの判断をするとき、それは本当に自分の意見かを点検してみよう。

人は話の中身より人数に左右される

アメリカの心理学者アッシュが行った同調実験がある。「ある長さの棒があり、これと同じ長さのものを選べ」という誰もがわかる問題を提示。回答者がひとりのときはほぼ100％の人が正解だったにもかかわらず、サクラ（実験協力者）を参加させ、間違った回答をさせると、正解率が約80％に低下したという。さらにサクラが増えていくにつれ、正解率が下がった。

なお、「空気を読め」という風潮も、同調や集団の圧力だろう。規範的影響を受け、事なき判断を選ぶというわけだ。

> ブラック企業に流れる空気に流されないように。多数派をつくるのが難しいときは逃げる勇気をもとう。

Chapter 5-34

傍観者効果

解説 アメリカの心理学者ラタネとダーリーが提唱した集団心理。あることに対し、自分以外にも傍観者がいる場合、率先して行動を起こさない心理。

トリセツのヒント 傍観者効果は、傍観者が多いほどその効果が出てしまう。誰かに助けてもらいたいとき、どうすればいいかを知ろう。

人はどんなときに、他人を助けるのか？

帰宅途中に暴漢に襲われた女性が大きな声で助けを求めたが、近隣の住民は誰ひとりとして警察に通報しなかったという事件があった。これをきっかけにラタネらは「傍観者効果」に着目。「多くの人が気づいたからこそ、誰も行動をしなかった」という事実に気づいた。

「誰か助けて」では誰も行動を起こさない。特定の誰かを指名するのが効果的だ。

Chapter 5-35

リスキーシフト

解説 集団で議論して意思決定を行うと、個人が独立して意思決定を行うよりもリスキーな選択をしてしまう傾向があること。

トリセツのヒント 会社の会議や家族会議。大勢が集まったときに意見がどう動くか冷静に観察しよう。

集団での決定はより大胆になる

1961年、マサチューセッツ工科大大学院生だったジェームズ・ストーナーはある発見をした。「個人では比較的穏健な態度を示した者も、集団の中ではより大胆な方向へ意見がかわる」というのだ。このように集団で議論すると多数意見の方向に極端にふれる現象のことを「リスキー・シフト」という。

ベンチャー企業など冒険的で先鋭的な集団では、リスキー・シフトになりやすい。

官僚的・保守的組織であると現状維持の方向に集団が向かう傾向がある。これをコーシャス・シフトという。

Knowledge

ユダヤ人の古い教えでは「全会一致は無効」なんだとか。人間は絶対ではないため、全員一致というのは間違いであるというのだ。異論があるくらいの意見のほうが比較的信じられるというのは生きる知恵であろう。

Chapter 5-36

成果を上げるチームをつくるには?

解説 心理学者マクレガーが提唱したモチベーション理論「X理論とY理論」を紹介しよう。チームメンバーに対して性善説をとるか、性悪説をとるかの違いがある。

トリセツのヒント 旧来の日本企業はX理論が主流だったが、現在は人のもつ能動性を信じるY理論派が増えているという。マネジメントの参考にしよう。

会社、チーム内のメンバーの相性がわかるテスト

　理想はチームみなのベクトルが一致することだが、人が集まるとどうしても好き嫌いやしがらみが生まれてくるもの。そんなときは「ソシオグラム」をつくり、集団内の関係を把握することだ。ソシオグラムは心理療法家のモレノが考案した。チームのメンバーひとりひとりに自分が好きなメンバー、嫌いなメンバーを指名させ、それをもとに相関関係図をつくる。そこから誰がキーパーソンなのか、仲がいいのかをみてチーム編成を考える。

社内の派閥関係を知るとき、ソシオグラムは役に立つ。

「やってみなはれ」と言えるかどうか

「やってみなはれ」とはサントリーの創業者・鳥井信治郎の言葉。社員の自主性を重んじ、マクレガーが言うところのY理論そのものだといえる。一方のX理論は「人は怠ける生き物」だと考えて、厳しい管理を行う。さて、どちらが成果を上げるだろうか？

★ X理論
人は元来怠ける生き物だという価値観

社員やメンバーは放っておくと働かずに怠けるものだと考え、命令と統制、管理が必要とする考え方。日報はおろか時間単位の報告を義務付ける企業もある。メンバーの力不足や意識の低下を感じるときは、ときにスパルタ教育・管理体制が必要になるだろう。ただ厳しいだけでなく、その先の目標を掲げることが大切だ。

★ Y理論
人は自ら進んで働く生き物だという価値観

まさに「やってみなはれ」の精神。人にとって仕事は楽しいものであり、社会に認められたい欲求もあるので進んで仕事をすると考える。人に対して性善説に立つといえる。メンバーの自主性を尊重し、個々の目標の実現を促す。リーダーはそれらを組織のためにひとつの方向に向けることが重要だ。

・・ Knowledge

X理論とY理論の中間の「Z理論」というものもある。全面的に任せるだけでなく、ある程度の信頼、気配りを重要視する。日本的経営に向いているという。

人物紹介

エドワード・L・ソーンダイク
Edward L. Thorndike
1874 – 1949

学習は、法則化できる

アメリカの心理学者。心理学における行動主義と学習研究のパイオニアである。動物を用いた学習研究を行い、学習は刺激状況と反応状況との間の結合の強弱によるという結合の法則を提唱した。教育評価の父としても知られ、『教育心理学』を著した。

バラス・フレデリック・スキナー
Burrhus Frederic Skinner
1904 – 1990

行動を分類し、観察する

アメリカの心理学者。行動分析学の創始者として知られる。ヒトや動物の行動をレスポンデントとオペラントに分類し、行動分析学の基礎を築いた。スキナー箱と呼ばれる、レバーを押すと自動的に餌が出てくるラット用の箱型実験装置を考案したことでも知られる。

アルバート・バンデューラ

Albert Bandura

1925 –

「モデリング」による学習を提唱

カナダの心理学者。学習する主体の経験が前提であった行動主義学習理論に対して、観察によっても学習が成り立つとする社会的学習理論を唱えた。ボボ人形をつかった実験（バンデューラの実験）を行い、モデリングによる観察学習効果を明らかにした。

ジェームズ・ジェローム・ギブソン

James Jerome Gibson

1904 - 1979

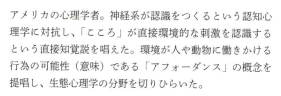

「環境」が与える「行為」の意味に注目

アメリカの心理学者。神経系が認識をつくるという認知心理学に対抗し、「こころ」が直接環境的な刺激を認識するという直接知覚説を唱えた。環境が人や動物に働きかける行為の可能性（意味）である「アフォーダンス」の概念を提唱し、生態心理学の分野を切りひらいた。

環境よりも主観的認識が大切だ

クルト・コフカ
Kurt Koffka
1886 – 1941

ドイツ生まれのユダヤ系心理学者。ゲシュタルト心理学の創設者のひとり。主体が客観的に存在する環境ではなく、主体が認知した主観的環境に応じて行動するという「行動的環境」の概念はギブソンに影響を与え、アフォーダンス理論の構築に貢献した。

統合失調症の特徴をまとめた

クルト・シュナイダー
Kurt Schneider
1887 – 1967

ドイツの精神医学者。統合失調症の診断や解釈に関する研究で知られる。統合失調症をその他の精神疾患と区別し、「シュナイダーの一級症状」としてその特徴をまとめた。また、自己の臨床経験から精神病質を10個に分類したことでも知られている。

レフ・セミョノヴィチ・ヴィゴツキー

Lev Semenovich Vygotsky

1896 – 1934

発達には最適なレベルの課題がある

ベラルーシ出身で旧ソビエト連邦の心理学者。既存の心理学を批判し唯物論心理学を提唱した。発達心理学をはじめ幅広い分野で研究を活躍した。特に発達における最近接領域（ZPD）の理論で知られる。

フレデリック・ハーズバーグ

Frederick Herzberg

1923 - 2000

モチベーションに影響する要因を発見

アメリカの臨床心理学者。二要因理論を提唱し、仕事における満足・不満足を「動機づけ要因」と「衛生要因」から分析し、現代のビジネスマネジメントの考え方に大きな影響を与えた。

第6章
恋愛に役立つ心理学

人は異性のどこを見て魅力を感じるのか？　心理学にはその答えがある。また、相手に好意を抱いてもらうにもコツがあるという。本章では恋愛に役立つテクニックのほか、結婚、出産、育児と、男女が父親・母親になったときに知っておいてほしいことについても触れている。男女間の「不適応」を解決するヒントを得てもらいたい。

Chapter 6-1	異性の魅力	Chapter 6-10	吊り橋効果
Chapter 6-2	近接性の効果	Chapter 6-11	ランチョンテクニック
Chapter 6-3	好意の返報性	Chapter 6-12	自己開示
Chapter 6-4	パーソナルスペース	Chapter 6-13	ストーカー
Chapter 6-5	シンクロニー	Chapter 6-14	DV（ドメスティック・バイオレンス）
Chapter 6-6	バーナム効果	Chapter 6-15	結婚で得るものとは?
Chapter 6-7	ボッサードの法則	Chapter 6-16	出産で人はどう変わる?
Chapter 6-8	気になる人との座り方	Chapter 6-17	育児と愛着
Chapter 6-9	フィーリンググッド効果	Chapter 6-18	ピアジェとコールバーグの発達理論

Chapter 6-1

異性の魅力

解説 他人の魅力を感じるのに0.5秒、男性は早くて8.2秒で恋に落ちるという説がある（女性はあまりないらしい）。わたしたちは、異性のどこに魅力を感じるのだろう。

トリセツのヒント どんな人を好きになりやすいかを知れば恋愛上手になれる！？ 恋愛相手と結婚相手では求めるところが違う点も参考になる。

女性は父親似の男性を好きになりやすい

カリフォルニア州立大学の実験によると、父親の写真を持参させたうえで女子大生を集め、さまざまな男性の写真を見せたうち、どの男性と付き合いたいかを質問。半数以上が父親に似ている人を選んだという。

ヒヨコが初めて見たものを親と思うのと同様、初めて見た異性が父親であることが多いのだから、無意識に父親似の男性を求めても無理はないだろう。ひるがえって、男性も母親似の女性を選びがちなことで知られている。

自分に似た人を好きになる

自分と同じような行動、言動をしている相手を人は好きになりやすい。さらに「自分と似た顔」の人も好きになりやすいようだ。ある研究によれば、夫婦は顔のパーツが似ているとか。目と目の距離や耳たぶの長さ、中指の長さなどが似ているという。世間のカップルを観察してみよう。

婚活の際は自分に似た顔の人を探そう。

恋愛は類似性、結婚は相補性

自分に似た人と恋に落ちやすい一方、いざ結婚となると、お互いをフォローし合うための才能や性格に目がいくという。いわゆる相補性である。少々だらしない男性にかいがいしく世話する妻がいたり、か弱い女性を守るのを誇らしく感じる身も心もマッチョな旦那がいたりするのを見ると納得がいく。

夫婦は一対の反射鏡というわけだ。

Chapter 6-2

近接性の効果

解説 人は物理的に近い距離にいて会う機会が多いほど、相手を好きになる傾向がある。距離によってどれだけの差が出たのか見てみよう。

トリセツのヒント 相手に好きになってもらうには物理的に近い距離にいることが一番の近道といえる。しかし、良好な関係を築く前に近づき過ぎると逆効果になるので、適度な距離をとることを心がけなければならない。

近くにいる人ほど好きになる

アメリカの心理学者フェスティンガーが、寮に住む大学生を対象に行った実験では、入寮半年後に友達になった確率は物理的な距離が近ければ近いほど高いことが明らかとなった。

入寮後半年間で友人になる確率は

自室の隣では **40%**
1部屋置いた隣では **22%**
2部屋置いた隣では **16%**
3部屋置いた隣では **10%**

Chapter 6-3

好意の返報性

解説 こちらもまたアメリカの心理学者フェスティンガーが提唱した理論。人は自分に好意をもつ人にこそ、好意を抱く性質がある。

トリセツのヒント 誰かとお近づきになりたいならば、まずはその人を好きになること。そして言葉や態度で伝えること。それが相手に好かれる近道だ。目がとても大切になることを伝授！

キラキラ女子に男子がやられてしまう訳

人は好意を示されると好意で報いたくなり、恩を受けると恩返ししたくなるという。これを「返報性の原理」という。なお、人間は対象に興味をもつと、自然と瞳孔が広がる。そして、瞳孔の開いた瞳に対して、「相手は自分に興味をもってくれているな」と無意識に感じるのだという。

言葉で好意を伝えるのは王道として、好きになってほしい人にはいつもより目を大きく開いて接してみるといい。

Chapter 6-4

パーソナルスペース

解説 自分の周囲に張り巡らした、他者の侵入を拒む心理的な空間を「パーソナルスペース」という。親しい間柄だとその距離は狭まる。

トリセツのヒント 対人関係を円滑にするには、相手のパーソナルスペースを知るといい。自分にも相手にも心地いい距離感をみつけよう。

8タイプの距離感。境界線に気をつけて

満員電車が不快なのは、恋人ならOKの距離に他人が侵入してきて、自身の縄張り（パーソナルスペース）を荒らされるからだ。米国の文化人類学者ホールが提唱する8タイプの距離感を知り、相手との距離感を図ろう。

★ **密接距離**

★ **個体距離**

近い個体距離（45～75cm）
手を伸ばせば届く距離。友人以上恋人未満。

近い密接距離（0～15cm）
かなり親しいふたりの距離。特別な存在だけが入れる。

遠い密接距離（15～45cm）
手が届く距離。親しい間柄。他人が侵入してくるとストレスに。

遠い個体距離（75～120cm）
友人との距離。

★ 社会距離

**遠い社会距離
（200〜350cm）**
ビジネスでの距離感。あらたまった話はこれくらいで。

★ 公衆距離

**遠い公衆距離
（750cm〜）**
講演や演説のときの距離。身振り手振りが必要。

**近い社会距離
（120〜200cm）**
相手に触れるのが難しい距離。仕事仲間との距離。

**近い公衆距離
（350〜750cm）**
1対1で話すにはぎりぎりの距離。

距離感によって、相手への好意の度合いがわかる

　恋人にしか許さない距離、フォーマルな関係での距離など、人は相手との親密さの度合いによって物理的な距離を変えている。無意識によって自分の縄張りを守っていることに対して少し意識を向けてみると、自分が相手のことをどう思っているか気づくことができるだろう。

　一方で、相手に好意を抱いていることを自然と伝えたいなら、意識して距離を近づける努力をしてみることだ。相手がそれに対応してくれたら、あなたに対して心を許してくれている証拠だ。

・・・ Knowledge

ハグをする習慣のある国があるように、パーソナルスペースは国や民族によって違いがある。

Chapter 6-5

シンクロニー

解説 シンクロニーとは同調のこと。相手と同じしぐさや似た行動をとると、相手から好感をもってもらえる。息を合わせることの効果がわかる。

トリセツのヒント 恋愛はもちろん、口説きたい取引先があれば、意識して積極的にシンクロニーしてみよう。

相手を観察、すかさず真似る

相手がうなずいたらうなずき返す、相手が飲み物を手にしたら、すかさずあなたも飲み物を手にする。人は自分と同じ動作をされたら好感をもってしまう。相手の好意を得たいなら、まずは真似ることだ。

同じ服、同じメニューを選び、同じタイミングで動く。

Chapter 6-6

バーナム効果

解説 一般的な話や誰にでも当てはまる記述を、さも自分のためだけのものと受け止めてしまう現象。フォアラー効果ともいう。

トリセツのヒント 占いの結果に一喜一憂しなくなる。テレビなどの宣伝からの情報も正しく受け止められるリテラシーが得られる。

A型の人間は、皆、几帳面か?

バーナム効果を理解するには占いが格好の材料になる。「あなたは几帳面なところもありますが、多少おおざっぱな面も併せもちます」などと書いてあると、ほとんどの人が当てはまり、そうだと納得することだろう。語源となった米国の興行師フィニアス・バーナムは「我々は誰にでも当てはまる何かをもっている」と考え、巧妙な宣伝を行った。

よーく考えたら誰にでも当てはまる内容ではなかろうか?

Chapter 6-7

ボッサードの法則

解説 近接性の効果(P220参照)にも似ているが、男女間の物理的距離が近いほど、心理的な距離感は狭まるという法則。

トリセツのヒント 恋愛を成就させたいとき。とくに遠距離恋愛中のカップルに役立つ。「この人だ!」と思った人がいるなら離れないことをオススメする。

遠距離恋愛はやはり難しいのか？

米国の心理学者ボッサードは婚約中のカップル5000組を対象に、ふたりの物理的距離と成婚とを調べた。それによると距離が遠いほど結婚に至らず、婚約中のカップルのうち33%が半径5ブロック以内に住んでいたこともわかった。

遠くの恋人より近くの他人なのかもしれない。遠距離恋愛中のカップルは要注意。一方お目当ての人がいるなら、近くに引っ越そう（くれぐれもストーカーにはならないように）。

スカイプや電話では埋められないのが男女の距離。

Chapter 6-8

気になる人との座り方

解説 住まいの距離だけでなく、座り方の距離も計算(?)に入れると、相手との心理的距離が狭まる。横に座るのが大切。

トリセツのヒント 恋愛を成就させたいときに。友達以上恋人未満というじれったいカップルに特に役立つ。

横並びで密接距離に入れば、心の距離も近くなる

パーソナルスペースの話にもあったが、密接距離(0～45cm)の間柄になることが恋人となる証拠。横並びに座ることで距離は自然と近づくので、レストランではテーブルでなくカウンターで食事を。ドライブデートをすると親しくなるというのも、横並びで距離が近づくからかもしれない。

ドライブでも

お店でも

「近くに座っている」ということで「この人には心が許せる」と錯覚してしまう。

Chapter 6-9

フィーリンググッド効果

解説 人は心地良い環境にいると、その場に一緒にいる人にも良い感情を抱く。これをその名の通りフィーリンググッド効果と呼ぶ。

トリセツのヒント 恋愛やビジネスの交渉場所を選ぶときに役立つ。ここ一番では気持ちのいい場所を選んだり、部屋を換気したり、花を飾るといい。

湿度が高いと、気分もじっとり滅入る

心理学者グリフィットは、気温と湿度が人の印象にどんな影響を与えるか実験した。快適な環境で待機したグループと不快な場所で待機したグループそれぞれに、Aさんに入ってもらい雑談してもらったところ、快適なグループのほうがAさんに対して好印象をもったという。また頼み事をするとき、いい香りのする部屋のほうが応じてくれやすいという実験結果もある。

室温→涼しい	室温→高い
湿度→低い	湿度→高い
よい香りの部屋	香りのしない部屋

アロマの種類によってどんな効果があるか使い分けられると達人の域。

Chapter 6-10

吊り橋効果

解説 人は恐怖でのドキドキを恋愛のドキドキと勘違いしてしまう。これを吊り橋効果という。悲しいから泣くのか、泣くから悲しいのかという話（P103参照）にも似ている心理だ。

トリセツのヒント 意中の人とのデートは絶叫系、興奮系のスポットへGO！

異性に対するドキドキと勘違いする錯誤帰属

カナダの心理学者ダットンとアロンは、男性を対象に、頑丈な橋と吊り橋どちらかに渡ってもらった後、女性と出会うという実験をした。そうすると大きく揺れる吊り橋を渡った男性のほうが女性に好印象をもつことわかった。本当の原因（吊り橋のドキドキ）が別の事柄の原因（女性へのドキドキ）と勘違いされる錯誤帰属が起きたのだ。

自分に対してではなく他でドキドキしてもらえるかという他力本願デートコースをコーディネート。

Chapter 6-11

ランチョンテクニック

解説 食事をしながら相手と交渉する手法。おいしいものを食べながらだと、人は説得に応じやすくなる傾向がある。

トリセツのヒント 恋愛、ビジネス、あらゆる交渉事の場で役に立つ。接待にはそれなりの効果があるといえそうだ。

食事がおいしいと相手も良く見える

食べ物と飲み物を用意されたグループとないグループそれぞれに質問したところ、用意されたグループのほうが好意的な回答が出たという実験があるように、人は食事をしているときのほうが相手の要望を受け入れやすい。

これもまた吊り橋効果同様、食事のときのよい気分を、相手への好意と勘違いする錯誤帰属。デートや商談はおいしい店を選ぼう。

三ツ星だよどんどん食べて！

ところで結婚してください！

Chapter 6-12

自己開示

解説 弱みも含めて自分のことを正直に打ち明けることを自己開示という。自己開示には相手から親近感をもたれる効果がある。

トリセツのヒント 恋愛で特定の誰かに好かれたいとき、職場でみんなに好かれたいときは、まず自分から心を開いてみよう。

自己開示には返報性がある

人と人が親しくなるには自己開示が欠かせない。自分の性格や環境などについて弱みも含めて打ち明けてみると、相手は「信頼してくれている」と好感を抱く。また、相手も自己開示をしようとする意識が働き、心を開いてくれる。こうして人との距離が近づく。

グチにならないように、ユーモアを交えながら話せるととてもいい。

Chapter 6-13

ストーカー

解説 しつこくつきまとったり、無言電話などの迷惑行為（ストーキング）を行う者。被害が増加し、2000年にはストーカー規制法もできた。

トリセツのヒント ストーカーにはいくつかのタイプがある（下参照）。それぞれに応じた対策と防犯を行う。困ったらすぐ周囲に相談！

相手が嫌がっていることがわからない異常性

ストーカーは自分の願望だけが先走り、妄想が肥大化。相手が自分を愛しており、自分なしでは生きていけないというような妄想を抱く「クレランボー症候群」の者もおり、人格障害があるとも考えられている。追跡型、タレント型、恋愛復讐型、ネット型などの種類もあるので、それぞれで対策を講じる必要がある。

SNSなどで個人情報が特定されやすくなった。自己防衛の意識を高めよう。

DV
（ドメスティック・バイオレンス）

解説 親密な男女間で相手に暴力を振るうこと。2001年にDV防止法が施行され、警察の介入が可能になった。

トリセツのヒント 支援センターやシェルターなどの存在を知り、相談や避難の選択肢を知る。周囲に疑わしい人がいないか気にかけるようになった。

DVサイクル

ストレスがたまる緊張形成期から、爆発する暴力爆発期。暴力をふるったことを謝罪し、極度に優しくなるハネムーン期。これを繰り返す。ハネムーン期の優しさが相手本来の姿だと錯覚するために問題が長引き、表に出づらい。第三者が目を光らせて、発見できるようにしなければならない。

医者や自営業者、公務員など、外づらの良さが求められる職業に多いともいわれている。

Chapter 6-15

結婚で得るものとは？

解説 心理学者エリクソンは、「結婚は成人期における重要な発達課題」と言った。また、アドラーは「結婚こそ幸せの最高形」と言った。

トリセツのヒント 現代はライフスタイルが多様化し、未婚化・晩婚化が進んでいる。また、経済的な不安から結婚に踏み切れない人も増えている。

アドラー流結婚相手の条件

先に結婚には相補性が重要だと書いた（P219参照）。

アドラーは結婚には、①知的な適合性、②身体的魅力、③友情をつくり維持する力、④自分よりパートナーへの関心、⑤職業をこなす力、⑥お互いに協力し合う姿勢が、大切になると説いた。

結婚したことで何を得られたかというアンケートでは、経済的安定以上に、「精神的安定」と答えたカップルが大半。結婚するメリットは経済面より心理面に強く現れた形だ。

Chapter 6-16

出産で人はどう変わる？

解説 子どもができるとなると人は変わる。身体的に変わる女性は当然大きく変化する。そんなときに男性はどうすればよいか？

トリセツのヒント 女性の負担が大きいなか、夫の在り方が問われる。母親の不安を少しでも解消するべく、寄り添い、悩みや考えを共有しよう。

親になると人格は変わるか？

ある研究によれば、人は親になることで人格が変わるという。一例をあげると「寛容になり性格が丸くなる」「自分の欲求を抑えられるようになる」「政治や社会などへ視野が広がる」「人生に充実感を得る」「妥協せず粘り強くなる」など。子どもが親を育ててくれるのは確かなようだ。

昔

父親になった男性が、人が変わったかのようにわが子を溺愛するようになる。これも発達のひとつだろう。

現在

パートナーの出産に立ち会い深い感動を覚えたという男性も多い。

育児と愛着

解説 情愛のない子ども（アフェクションレス・キャラクター）や子どもを混乱させるダブルバインド、愛着の発達過程を解説する。

トリセツのヒント 両親や周囲の愛情の深さが、子どもたちの発達・成長に大きな影響を与えることを知る。育児をするときの大きなヒントになるはずだ。

わが子を「歪んだ性格の子ども」にしないために

アフェクションレス・キャラクターとは、「幼少期に両親らへの甘えが足りない子どもが成長後に示す歪んだ性格」のこと。一見愛想がいいように見えるが、猜疑心や嫉妬心がつよく、ときに残忍な一面を持つ性格だという。わが子をそうさせないためにも、子どもを十分に甘えさせてあげよう。

子どもには温もりが必要。アメリカの心理学者ハーロウは、小猿への実験でこれを証明した。

愛着と、戻れる場所

生まれてから3歳ぐらいまでに子どもは、親の関心を引こうとさまざまな顔を見せる。親がこれに応えると、両者に感情の

結びつきである「愛着」が生まれる。これを、子どもの成長に欠かせないとしたのが、心理学者ボウルビィだ。ボウルビィが唱えた愛着の発達過程を紹介する。

1. 前愛着（〜3か月）
誰に対しても見たり、笑ったりする。

2. 愛着形成（3か月〜6か月）
両親など特定の人に愛着を示す。

3. 愛着の確立（6か月〜2歳）
姿を見せないと泣くなど、愛着をもった相手と一緒にいたい。

4. 目標修正的協調関係（3歳以降）
特定の人がいなくても、ひとりで過ごせる。

ダブルバインドで子どもを追い詰めないように

ダブルバインドとは、矛盾するふたつのメッセージを与えられたものが、どうしたらいいかわからなくなる状態をいう。子どもたちにはそのときの気分ではなく、一貫した意見を伝えよう。ダブルバインドを経験し続けると、子どもは心を閉ざし、心の病につながることもあるので注意が必要だ。

Chapter 6-18

ピアジェとコールバーグの発達理論

解説 スイスの児童心理学者ピアジェ（P240参照）の知能の発達理論と、アメリカの心理学者コールバーグ（P243参照）の道徳性発達理論を解説。

トリセツのヒント 子どもたちがどのような過程を経て大人になっていくのかを知り、子育てのヒントにしよう。

ピアジェの知能の質的発達理論

ピアジェは子どもの遊びなどを研究し、子どもの知能の発達には4段階あるとした。なおキャッテルによれば、知能には新しい場面に適応したり、記憶したりする生まれ持った流動性知能と、経験によって蓄積されていく結晶性知能があるという。

**感覚運動的知能の段階
（0～2歳）**
赤ちゃんの頃。手に何か当たれば握ったり、おっぱいがあれば吸ったりする反射的な行動。自分の感覚と運動だけで世界をとらえる。

**前操作的段階
（2～7歳）**
言葉やイメージが発達する頃。ままごと遊びなどをするようになる。イメージで世界をとらえられるようになる。

コールバーグの道徳性発達理論

コールバーグは、3水準、6段階を経て、子どもたちの道徳性は育まれるとした。人は、個人的な利益だけを考えることから、次第に社会的な利益を考えられるように発達するのだという。

1.前慣習的水準 (7〜10歳)	2.慣習的水準 (10〜16歳)	3.慣習以後の水準 (16歳以降)
1-① **罰回避、服従** 罰をさけるために決まりに従う。	2-① **よい子志向** 相手の期待に応えることを正しいと考える。	3-① **社会的契約志向** 規則は合意によって決められたもので、変更可能だと考える。
1-② **道具的志向** 自分の欲求が満たされたりする場合に従う。	2-② **法と秩序への志向** 社会的規則が道徳判断の基準になる。	3-② **普遍的倫理志向** 契約、法律関係なく、自分の正しいと信じる倫理に従う。

具体的操作段階
(7〜11歳)
保存という概念が生まれる。また、物事をみて論理的な思考ができるようになる。入れものは違っても、量は同じだと答えることができる。

形式的操作段階
(11歳〜成人)
論理的な考え方が定着する。仮説を立てて物事を考えられるようになる。ピアジェの論では11歳頃からすでに大人なのかもしれない。

人物紹介

ジャン・ピアジェ
Jean Piaget
1896 – 1980

思考には発達段階がある

スイスの心理学者。発達心理学者として臨床の手法を確立し、思考の発達段階理論で知られる。相互作用論の立場から発達は遺伝と環境の両方が影響すると主張し、特に子ども自身の能動的構築力を重視する立場をとる。

ジョン・ボウルビィ
John Bowlby
1907 – 1990

母性的養育が重要である

イギリスの医学者・精神分析家。精神分析に動物行動学的視点を取り入れ、愛着理論を確立させた。第二次世界大戦後のイタリアで孤児院や孤児の調査を行い、早期母子関係に着目しその成果を論文集『母子関係の理論』として発表した。

アンナ・フロイト

Anna Freud

1895 - 1982

「エゴ」は重要なものだ

ウィーン生まれのイギリスの精神分析家で、ジグムント・フロイトの娘。児童精神分析のパイオニアとして知られる。父フロイトから精神分析を学び、父の死後は児童心理学に傾倒した。父と比べてエゴの重要性とその社会的に訓練される能力を強調した。

メラニー・クライン

Melanie Klein

1882 - 1960

無意識的な幼児と母親との対象関係を研究

オーストリア出身の精神分析家。児童分析を専門として、幼児と母親との内的・心的関係を中心に新しい方法として対象関係論を発展させた。対象関係論は現代でも統合失調症などの治癒理論として注目されている。

ハリー・F・ハーロウ

Harry Frederick Harlow

1905 – 1981

スキンシップが愛着を形成する

アメリカの心理学者。アカゲザルによる代理母親の実験で知られている。この実験で、母親の子どもに対する愛着形成は伝統的な精神分析が提唱していたような単なる授乳による欲求充足によるものではなく、スキンシップによるものだと主張した。

エリク・ホーンブルガー・エリクソン

Erik Homburger Erikson

1902 – 1994

自分とは何なのかを知る

アメリカの心理学者・精神分析家。自我同一性という「アイデンティティ」の概念を生み出した。人が健全に発達するための課題があるとする「発達課題」説を提唱。学位もなく転々とした経緯を経た末、世界的研究者になった。

アルフレッド・アドラー

Alfred Adler

1870 - 1937

劣等感、あってもいいじゃないか

オーストリア出身の精神科医、心理学者。フロイトの共同研究者であったが、独自の個人心理学（アドラー心理学）をつくった。アドラー心理学とは、個人をそれ以上分割できない存在であるとし、人は劣等感を起点にしてプラスの状態を目指すために行動すると考えた。

ローレンス・コールバーグ

Lawrence Kohlberg

1927 - 1987

道徳は段階を踏んで発達する

アメリカの心理学者。ピアジェの認知発達理論の影響を受けて、人間の道徳的判断に着目し、それを3レベルに分けそれぞれのレベルをふたつの段階に分類した道徳性発達理論を提唱した。道徳理論をめぐっては心理学者のキャロル・ギリガンと論争を繰り広げた。

第7章
心の不調を知る

生きているかぎり、心の問題を抱えていない人なんていないのではないだろうか？ 本章では心の健康を保つ方法、ストレスとの付き合い方、私たちを悩ます心の病と、それに対するさまざまな心理療法について解説。心の病への理解を深め、治療の選択肢を得ることで、困難を乗り越えてもらいたい。

Chapter 7-1	心の健康を保つには	Chapter 7-20	アスペルガー症候群
Chapter 7-2	ストレスとストレッサー	Chapter 7-21	子どもの心の病気
Chapter 7-3	ストレス・マネジメント	Chapter 7-22	不登校
Chapter 7-4	防衛機制①	Chapter 7-23	引きこもり
Chapter 7-5	防衛機制②	Chapter 7-24	いじめ
Chapter 7-6	防衛機制③	Chapter 7-25	家庭内暴力・児童虐待
Chapter 7-7	心の病気	Chapter 7-26	いろいろな心理療法
Chapter 7-8	不安障害	Chapter 7-27	精神分析的心理療法
Chapter 7-9	心身症	Chapter 7-28	来談者中心療法
Chapter 7-10	パーソナリティ障害	Chapter 7-29	認知行動療法
Chapter 7-11	統合失調症	Chapter 7-30	カウンセリング
Chapter 7-12	うつ病	Chapter 7-31	自律訓練法
Chapter 7-13	さまざまな恐怖症	Chapter 7-32	イメージ療法
Chapter 7-14	PTSD （心的外傷後ストレス障害）	Chapter 7-33	家族療法
Chapter 7-15	ADHD （注意欠如・多動性障害）	Chapter 7-34	芸術療法
		Chapter 7-35	精神科薬物療法
Chapter 7-16	LD（学習障害）	Chapter 7-36	催眠療法
Chapter 7-17	自閉性障害	Chapter 7-37	統合的アプローチ
Chapter 7-18	摂食障害 ――拒食症・過食症	Chapter 7-38	集団心理療法
		Chapter 7-39	森田療法
Chapter 7-19	性に関する障害 ――性機能・性同一性	Chapter 7-40	内観療法
		Chapter 7-41	回想法

心の健康を保つには

解説 アメリカの精神科医で、認知療法を提唱したアーロン・ベック（P304参照）の「認知の歪み」について解説する。

トリセツのヒント ベックはうつ病の研究・治療の先駆者である。うつ病の患者の多くが以下の認知の歪みをもつという。こちらを参考に、似たような不適応に陥っていないか、いま一度自身の思考の癖に目を向けよう。

アーロン・ベックの「認知の歪み」

認知の歪みが心の病を引き起こす原因になりうる。心の癖に気づいて意識的になれば対処法も見えてくる。

白か黒かの思考

うまくいったか、全然ダメかのどちらかしか認めない。過程にあるひとつの失敗を全体の失敗と思い込んでしまう。

過度の一般化

少しでも不幸なことがあると、すべて不幸と感じてしまう。たった一度や二度起きただけのことを次も、その次もと悲観的に想像してしまう。

選択的抽出

あることだけに強くとらわれる。自己否定につながるところだけに目がいきがちで、自分のいいところに目を向けられない。

肯定的意見の否定

相手のネガティブな意見にのみ執着したり、褒められているのに「どうせおせじだろ」など、邪推してしまう癖がある。

結論の飛躍

きっと相手はこう思っているに違いないと思い込んだり、自分は相手の心が読めると変な確信を抱いたりする。

悲観的予測

いつかは見捨てられるなどと、未来を悲観的に想像する。いいことがあってもマイナス思考になりがち。

破局的思考

いつも最悪の事態を考えて、それが自分にふりかかると思い込む。

縮小（拡大）的思考

あることを極端に小さく考えたり、一方でおおげさに考えたりする。自分にとっていいことは縮小、悪いことは拡大して思ってしまう。

感情的決めつけ

客観的な事実を無視して、自身の感情のみで判断をする。「むかつく！ それは相手がろくでもないやつだからだ！」というように極端な思考になっている。

すべき思考

理由もなく、人は「〜すべきだ」と確信している。親だから、上司だから、というような思考にしばられてしまっている。

レッテル貼り

「どうせ自分は学歴がないし……」「あいつは冷たい奴だし……」など、凝り固まったイメージで考えが歪んでしまっているケース。

自己関連づけ

悪いことはすべて、自分のせいだと思い込んでしまう。とくに自身に原因がないにもかかわらず、反省したり自責の念にかられたりする。

　自分の考えの癖と似たものはなかっただろうか？　どれも少なからず当てはまるという人もいるだろう。気をつけたいのは、それぞれの考えに凝り固まること。上手な気分転換の癖も身につけていこう。

Chapter 7-2

ストレスと
ストレッサー

解説 ストレスとは有害な刺激が生体にもたらす変化と訳される。ストレスを引き起こす外部刺激をストレッサーと呼ぶ。

トリセツのヒント ストレッサーには4種類ある。これらの種類を知り、対策を講じることで、心の病を防ぐ。

4種のストレッサー

暑さ、寒さ、騒音などの物理的ストレッサー、薬物や有害物質などの化学的ストレッサー、細菌、ウイルスなどの生物的ストレッサー、人間関係のトラブル、貧困などの精神的ストレッサーとがある。

物理的ストレッサー
暑さや寒さ、痛み、工事現場などの騒音、光、放射線など。物理的な刺激がストレッサーになる。

化学的ストレッサー
薬物、有毒な化学物質、アルコール、食品添加物など。目や口などへの刺激がストレッサーになる。

生物的ストレッサー
空腹や体調不良、病気、妊娠など、からだの変化による不調や不快感もストレッサーになる。

精神的ストレッサー
不安や怒り、焦り、緊張といった感情にともなうストレッサー。からだや環境の変化にもともと影響を受けやすい。

ストレッサーランキング

米国の社会生理学者ホームズらが行ったストレッサーランキングが有名だが、日本版のランキングもある。それによると最も大きなストレスは「配偶者の死」、以降「会社の倒産」、「親族の死」、「離婚」、「夫婦の別居」と続く。

夏目誠らによる「勤労者におけるストレス評価法」では結婚のときのストレスを50として評価。配偶者の死は83となっている。

8種のストレス解消法

米国心理学会は、もっとも効果的なストレス解消法として、①エクササイズやスポーツをする、②礼拝に出席する、③読書や音楽を楽しむ、④家族や友達と過ごす、⑤マッサージを受ける、⑥外に出て散歩する、⑦瞑想やヨガを行う、⑧クリエイティブな趣味の時間を過ごす、の8タイプを挙げている。

逆におすすめできないストレス解消法として、飲酒、ギャンブル、タバコ、買い物、ネットサーフィンなどが挙げられている。

瞑想はストレスフルなビジネスパーソンからいま注目を集めている。

日の光を浴びる点では、「ポケモンGO」もうつ病対策になるとか。

心の不調を知る

Chapter 7-3

ストレス・マネジメント

解説 ストレスを防ぐためのトータルな対応策。ストレスをどうとらえるかによって方法が異なる。コーピング(対処・低減)の方法を紹介する。

トリセツのヒント ストレスを低減するコーピング行動はふたつある。ストレスの種類によって使い分け、ストレスとうまく付き合えるようになろう。

ストレスと付き合う技術を覚える

　コーピングとは問題に対処する、切り抜けるという意味をもつ。ストレスに対して解決を試みたり、ときに逃避してストレスを軽減する。コーピングには「情緒焦点型」と「問題焦点型」とがあり、情緒焦点型は、「いまはどうすることもできない」と考えて一時的に放置するなどストレッサーに対する関心を薄める。対して、問題焦点型はストレッサーそのものを解決するために善処する。

「マインドフルネス」と呼ばれるストレス軽減法も注目を集めている。

コーピングがうまくいかない場合、心身に変調が出る。

Chapter 7-4

防衛機制①

解説 防衛機制とは、ストレスを受けても心が深刻なダメージを受けないようにと働く心理的メカニズムのこと。フロイトが提唱した。

トリセツのヒント ストレスから心を守る自然の心の働きを知り、ストレスとうまく付き合えるようになる。6種の防衛機制を知ろう。

代表的な防衛機制

防衛機制には抑圧や合理化、昇華などいくつかあるが、代表的なものを紹介する。防衛機制は心を守るものであるが、事実とは異なる解釈をする面もある。過剰に働くと逆に心の病を誘発する恐れもあるので注意が必要だ。

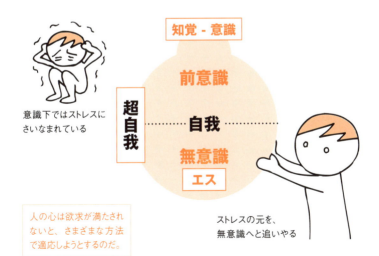

意識下ではストレスにさいなまれている

人の心は欲求が満たされないと、さまざまな方法で適応しようとするのだ。

ストレスの元を、無意識へと追いやる

Chapter 7-5

防衛機制②

同一化

★自分が欲しいものをもっている人と自分を同一とみなす

好きなミュージシャンと自分を重ね、言動を真似るなどして、自分がもちたい力や実績をあたかも自分ももっているかのように感じたりする。意識的に真似るのでなく、無意識に行われるのが同一化。学歴コンプレックスをもつ親が、子どもに高学歴をつけさせようとするのも、高学歴者となった子どもと自分を同一化しているととらえる考えもある。

意識的に真似るのが「模倣」に対して、無意識のうちに真似てしまうのが「同一化」という違いがある。

代償

★ ある目標が達成できていないとき、他の目標で満たす

子どもがいない夫婦がペットをかわいがるというように、ある目標が達成されないとき、似た目標を達成することで当初の欲求を満たすことができる。

本当は欲しい高級ブランドの服のデザインによく似たファストファッションの服を選ぶのも代償行為といえる。部分的に満足するのだ。

反動形成

★ 気持ちと反対の行動をとって不安から逃れる

本当は気が弱いのに虚勢を張る、嫌な上司に過剰にコビを売るなどが反動形成の例。受け入れがたい事実や不安を無意識下に追いやったうえで、まったく正反対の行動をとる。

フロイトは強迫神経症の患者を治療しているときに反動形成を発見したという。

人はさまざまなことに適応できず、不適応になったときに心の病になってしまう。そのため自らの心を守ろうとして、無意識のうちに防衛機制のような行動をとり、心の適応をはかっているのだ。

防衛機制③

逃避

★ **空想したり病気したり、現実から逃げる**

職場や学校に行きたくない気持ちが大きくなり、熱が出てしまうなど、緊張や不安から逃げるため、体調が変化してしまうのが逃避の典型例。引きこもりの原因のひとつも逃避といえる。

「こんなときにかぎって!」というときに、体調不良になったことはないだろうか? それはおそらく無意識下の逃避なのだ。

仕事がきついときにふと求人広告を見てしまう。これも立派な逃避。ストレスに真正面からぶつからず、適度に逃げることは心の安定のために必要なことである。

ふだんは意識しないものがやたらと目に入るときがある。これも無意識のうちに気にしてしまっているから。

合理化

★うまくいかないことを、他に納得いく理由をあげて正当化

仕事で成果が出ないときに、自分の力不足は棚に上げて、上司のせいや取引先のせいにするのが合理化の例。合理化は心の平安をもたらすが、周囲からみると単なる負け惜しみにしか聞こえないので、あまり多用すると、信用がなくなってしまう。

> 手にしたくてしょうがないものが手に入らなかったとき、「どうせ大したものではないし」と考えることも合理化である。

昇華

★過剰な欲望を芸術やスポーツに活かす

自身の暴力的欲求をボクシングに昇華させたり、失恋の悲しみを歌にしたりと、我慢できない欲求やストレスを、芸術活動など社会的に認められる行動に変換させる。嘘か本当か、フロイトは、母親の性器が見てみたいという欲求が強い人は学術的探究へ昇華させ、糞便で遊びたい欲求が強い人は芸術関係で昇華させることが多いと述べている。

> ストレスや欲求をためこみすぎず、外に出すこと。それが「不適応」から「適応」へと変わる手助けとなる。

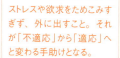

Chapter 7-7

心の病気

解説 心の病気で代表的なのは、神経症と精神病。精神的な症状はさまざまな要素が絡み合って現れてくる。

トリセツのヒント 自身や周囲の心の病気の予防や対策のために知識を得る。

いろいろな心の病気

神経症の種類から心気症、離人症、精神病である統合失調症、双極性障害を解説する。病気の内容を理解し、適応していけるヒントを得てもらいたい。

不安神経症

漠然とした恐怖感から不安に襲われる。

恐怖症

恐怖の対象としては、高所、閉所、視線、尖端などがある。

ヒステリー

心理的な原因から、からだに機能障害が出る。

神経衰弱

ストレスにさらされた結果、不眠や疲労を訴える。

抑うつ神経症

劣等感や悲愴感にさいなまれ、睡眠障害や意欲の低下が起きる。

強迫神経症

不安を抑えるため、ある行動が強迫的に繰り返される。

心気症

自分が病気になってしまったと思い込んでしまう。

離人症

何をしても感情がわかない。現実感が薄れる。

統合失調症

幻覚や妄想にとらわれたり、会話や行動にまとまりがなくなったり、からだの動きが極端になったりする。

双極性障害

うつと躁の状態が周期的に現れる。

　心の病気は国際的にも分類されており、その基準のなかで最も採用されている指針が、アメリカ精神医学会の基準「DSM (Diagnostic and Statistical Manual of Mental Disorders) –5」である。原因ではなく、症状によって精神疾患の線引きをしているのが特徴だ。

　心の病はあるひとつの原因からではなく、あらゆるものが複雑に絡み合って生じるため、いろいろな側面から診断し、治療を行うことが必要になる。

Chapter 7-8

不安障害

解説 過剰なストレスによって引き起こされる障害。全般性不安障害や恐怖症など、症状からいくつかの種類に分けられる。

トリセツのヒント 不安障害になりやすい性格があるので、該当する人は注意しながらストレスと付き合ってもらいたい。

内向的で責任感が強い人は気をつけて

不安障害の主なものには全般性不安障害、特定の恐怖性、パニック障害がある。一般的に内向的な性格の人が発症しやすいと言われている。真面目さゆえにささいな失敗を反省しすぎたり、完璧でないとストレスを感じる、物事にこだわりすぎる、細かなことが気になるという人は、意識的にストレス対策（P252）を行うようにしよう。

精神障害との違いを明確にして薬物療法と心理療法を併用しながら治療する。ストレスと大きく関わるため臨床心理士が活躍する心の病でもある。

心身症

解説 不安障害やうつ病といった精神障害によるものを除いて、心理的・社会的ストレスが原因でからだに不調が出る病気を心身症という。

トリセツのヒント 心身症になりやすい傾向の人もわかっているので、該当する方はとくに用心してもらいたい。

アレキシサイミア（失感情症）の方はご用心

アレキシサイミアとは、自らの感情を認識するのが苦手で、なおかつ人からモノを頼まれると断り切れない傾向のある人をさす。この傾向をもつ人は、本人にストレスという自覚がなく、頑張りすぎてしまうことから、からだに症状が出てしまう。ちょっとでも疲れたなと思ったら、心とからだを休ませるように意識して行動してもらいたい。

心療内科に通うなど、専門医とともに対策や治療を行うようにする。

Chapter 7-10

パーソナリティ障害

解説 明らかな精神障害がないにもかかわらず、パーソナリティに著しい偏りがあるため対人関係に支障をきたす障害。

トリセツのヒント 本人に自覚がないため対応が非常に難しい。周囲がパーソナリティ障害の存在を理解し、できるだけ寛容になって、不要に苦しまないようにしたい。誰もがもっている感情であるが行き過ぎてしまうことで起きてしまう。

自分も苦しみ、周囲も苦しむ

ドイツの心理学者シュナイダーはパーソナリティ障害について「性格の偏りのために、自分も苦しみ、周りも苦しむ」と定義している。周囲が異常と感じていても本人に自覚がないケースも多い。また人格は長い時間をかけて形成されるものだけに、変化させることがとても難しい。

考え方や行動が一風変わっているなど、性格に偏りがある。

精神疾患

同じように性格に偏りがある場合、精神疾患が認められるケースは、統合失調症や神経症などの精神障害と認定される。

パーソナリティ障害

精神疾患として認められない場合に、パーソナリティ障害となり、その線引きは非常にあいまいなところがある。

DSM-5によるパーソナリティ障害の分類

　パーソナリティ障害は以下の3群に分けられ、さらに細分化している。これらに対応するための共通点は、受けとめる側が精神的なあたたかさをもって相手に臨むことである。治療の場合は、薬物療法と心理療法を併用しながら対応する。

1.変わった信念や習慣があり、妄想を抱く

根拠もなく相手を疑い、孤独を好み閉じこもりがちで、突拍子もない行動をする「統合失調型」がある。

2.感情の起伏が激しく、ストレスに弱い

自己中心的で社会のルールを守らない「反社会性」、感情の起伏が激しい「境界性」、周りの注目を集めようとする「演技性」、自分にしか興味のない「自己愛性」などの種類がある。

3.対人関係に強い不安を持つ

批判や対立を恐れる「回避性」、他人に強い依頼心をもつ「依存性」、思い込みにとらわれる「強迫性」がある。

Chapter 7-11

統合失調症

解説 幻覚や妄想、意欲低下などが主な症状で、陽性症状と陰性症状がみられる。かつては不治の病といわれていたが、現在では治療により社会復帰も可能になっている。

トリセツのヒント 症状を理解し、さまざまな療法を知ることで、社会不適応を乗り越える。ありのままでよいという周囲の対応が求められる。

陽性症状

統合失調症の症状はさまざまあるが、大きくふたつに分けられる。陽性症状は客観的にみても様子の異変がわかる。幻聴や幻覚、妄想、何かに操られているというような感覚に襲われる（作為体験）、外部から命令される（思考吹入）、自分の考えが誰かに抜き取られると感じる（思考奪取）、奇行といった形で現れる。

陽性症状

妄言・奇行・感情の不安定
幻聴・幻覚

作為体験

陰性症状

陰性症状は、異変に気づきにくい特徴がある。喜怒哀楽の表情がなくなったり、無関心となったり、閉じこもりがちになる。思考力が低下し、口数が減るといった症状も出る。相手の様子の変化に敏感になり、早めの対応を行いたい。

陰性症状

無表情
意欲の低下
口数が少なくなる

引きこもり
思考の欠如
喜怒哀楽がなくなる

無表情になり、閉じこもり、意欲減退、思考の貧困化などの症状が現れる。

10代後半から30代にかけて多く発症

統合失調症の原因は、脳の神経伝達物質の異常、遺伝、環境などが影響しているといわれているがいまだはっきりしていない。治療には長い期間を要し、薬物療法を中心として、精神療法により対人関係の改善を目指す。統合失調症は、10代後半から30代にかけて発症するケースが多いといわれている。また100人に1人程度が発症する極めて身近な心の病だ。今では医療の進歩により治療法は多くあるので、その人にあった治療法を選び統合的にアプローチしてもらいたい。

Knowledge

統合失調症を患う人にはずば抜けた才能をもつ人もいる。その才能を活かせる場をつくっていくことを視野に入れよう。

うつ病

解説 抑うつ、集中力低下、食欲の低下などを引き起こす状態を「うつ状態」といい、身体疾患や脳疾患などが原因でない場合、うつ病性障害と診断される。うつとは反対に気分が高揚する状態を「躁」といい、うつと躁を繰り返す障害を双極性障害とも呼ぶ。

トリセツのヒント 社会問題にもなっている「うつ」。精神に現れる症状と、身体に現れる症状を知り、対策を打つ。

うつ状態とセロトニンの関係

気分が落ち込む、わけもなく悲しい、食欲がない、不眠になるという状態が2週間以上持続する状態が「うつ状態」。睡眠障害も多く見られるのが特徴だ。

太陽光を浴びると分泌される神経伝達物質セロトニンの不足がうつの一因とも。

双極性障害とは

行動が活発になり、万能感をもつ躁状態から、からだがだるく気分が落ち込むうつ状態を繰り返す心の病。再発を繰り返すことが多いが、薬物療法（抗うつ薬や気分調整薬）と精神療法により症状は改善できる。

躁
活動活発気分も大きい

うつ
体が重い気分も重い

日本では双極性障害の発症率は人口の0.1〜0.5%といわれている。

昨今、「仮面うつ病」「新型うつ病」など、新たなタイプのうつ病（うつ病ではないという説もある）が社会問題化している。現在、「うつは心の風邪」ともいわれるほど診断される人が増加中だ。うつ状態の改善には、気力、体力の回復も重要。気分を一新、新たな行動を起こすことを促す対応も効果的だという。しかし、「がんばれ」という一言は禁物。相手の背中をやさしく押すような対応が求められる。

さまざまな恐怖症

解説 特別な対象や状況に対して過度な恐怖感に襲われる。自覚できているが避けられない状態となる。

トリセツのヒント 誰しも何かしら怖いものはあるが、それが過度になり社会生活に支障が出る。病気への理解を深めて、予防または対処する。

単一恐怖は、ある特定のものが怖い

限局性恐怖症ともいい、高所や雷、水などの自然環境型、クモやヘビなどの動物型、注射やケガなどの血液型、閉所や飛行機などの状況型など、さまざまな恐怖の対象がある。

高所恐怖症

閉所恐怖症

恐怖症の治療などに有効な心理療法として、行動療法があり、エクスポージャー法、系統的脱感作法がある。

社会恐怖・対人恐怖では人間関係が障害となる

人前で話したり、初対面の人にあいさつするときは、誰もが緊張するものだが、その緊張の度合いが過剰となり恐怖症へと発展する。

赤面恐怖

人前で顔や耳が真っ赤になる赤面恐怖症。人から笑われていないか気になる。

自己臭恐怖

自己臭恐怖症は、体臭や口臭がきつく(本当はきつくないのに)、人に嫌われるのではと不安になる。

広場恐怖は、外出が怖くなる状態に陥る

広場が怖いのではなく、ひとりで出かけたり、電車やバスに乗るといった外出の際に恐怖を感じること。パニック発作が出ることもあり、発作が怖くなり、余計外出が怖くなる。

本人もどうすることもできない状態になるため、寄り添い、段階的に不安を解消していく。

PTSD
（心的外傷後ストレス障害）

解説 Post Traumatic Stress Disorderと書くように、トラウマになっていることを引き金として起きる障害。トラウマとなる出来事から1か月以上、症状が継続してしまうものをPTSD、1か月以内におさまるものをASDという。

トリセツのヒント 災害や事故、いじめを体験した人が発症するケースが増えている。症状をくわしく知り、対処したい。

恐怖がフラッシュバックする

地震などの災害が立て続けに起きている日本。今、多くの人がPTSDに苦しんでいる。つらい体験が記憶とともによみがえり、心を守ろうと反応が麻痺したり、眠れなくなるなどの状態が続いてしまう。

災害

交通事故

いじめ

薬物療法と心理的援助を用いて治療する。抗うつ薬や抗不安薬を飲みながら、認知行動療法を行う場合が多い。

ADHD
（注意欠如・多動性障害）

解説 授業中にじっとしていられない（多動性）、先生の話を聞かない（不注意）、突発的な行動に出る（衝動性）。これらのすべてかどれかを満たす場合、注意欠如・多動性障害と呼ばれる。

トリセツのヒント 学習障害や、いじめ・不登校などの不適応といった二次障害につながる可能性も高いため、早いタイミングで適切な対応を行う。

原因は明らかになっていない

脳障害、遺伝、アレルギーなどさまざまな要因から生じるといわれるが、原因ははっきりしていない。大人になると沈静化する場合もある。専門医による薬物療法もだが、勉強しやすい環境整備、過剰に叱らないなどの教育方法の工夫も必要である。

男子の発症率が極めて高いのも特徴。

LD
（学習障害）

解説 知能の発達は正常範囲にありながら、書く、読む、聞く、計算するなど、ある特定の能力に困難を示す障害。

トリセツのヒント 小学校に上がったときに気づくことが多く、女子に比べて男子は4倍近い発症率をもつ。早めのケアが必要だ。

単なる勉強不足と勘違いしないように

文字は読めるのに書くことができない、読む能力に長けているが人の話を理解するのが難しいなどの障害が出る。原因は不明。親や教師が見落としてしまうと、単なる本人の勉強不足で片づけられてしまう恐れがある。

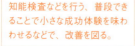

知能検査などを行う、普段できることで小さな成功体験を味わわせるなどで、改善を図る。

自閉性障害

解説 幼児期に感覚や言葉、行動に特有の症状が現れる発達障害。心の問題ではなく、脳機能障害が原因とされている。

トリセツのヒント 根本的解決は難しいため、早めのケアで発達を支援する。その人が生きやすい環境をつくってあげよう。

約100人に1人の割合で存在

自閉性障害は、遺伝的な要因が複雑に絡み発症する。症状が軽い人も含めれば約100人に1人もいるといわれている。対人関係の障害や意思伝達の障害、興味が著しく偏っていたり、いつもからだを揺すっているというような行動が起きる。

目を合わせようとしない

オウム返ししかしない

発達障害は親や本人のせいではない。その子が生きやすい環境を整備したり、薬物療法などから発達を援助するように前向きに対処しよう。

摂食障害 ——拒食症・過食症

解説 太っていると思い込み、ほとんど何も食べない拒食症と、食べることが止められなくなる過食症とがある。

トリセツのヒント 本人が無自覚なことが多いため、まずは病気であることを本人に伝える。家族の協力が必要である。

若い女性に多いが、男性が発症するケースも

拒食症はもう十分にやせていることを自覚できず、本人はやせていくことが快感になる。また、昨今のやせているほうが美しいという風潮にも注意が必要だ。過食症は、ストレスや環境の変化が原因になることが多い。食べているときはとめどなく食べ、食後に嘔吐したりもする。どちらも認知行動療法などを用い、改善を目指す。

拒食症　　**過食症**

女性だけでなく、男性が発症するケースも見られる。

Chapter 7-19

性に関する障害
——性機能・性同一性

解説 男性は「勃起不全」、女性では性欲の低下など性交渉に不適応となる「性機能障害」と、もって生まれた性に悩む「性同一性障害」がある。

トリセツのヒント 性に関する悩みは周囲に相談しづらい面があるが、理解を深め、さまざまなコミュニティ、治療法を利用して解決を図ろう。

多様性を認められる社会をめざす

「LGBT」は、レズビアン（女性同性愛者）、ゲイ（男性同性愛者）、バイセクシュアル（両性愛者）、トランスジェンダー（心とからだの性の不一致）の総称。社会適応を目指し心理学の学問的見地から研究と応用が行われている。性機能障害は身体疾患の治療や行動療法、心理療法で、性同一性障害では、心理療法、ホルモン療法、手術療法などで対処する。

日本では現在、「性同一性障害特例法」により、手術を受けたうえで一定の要件を満たせば、性別変更の許可が下りる。

アスペルガー症候群

解説 自閉症に似ているが、言葉や記憶の発達に遅れがない場合、アスペルガー症候群と診断される。自閉症スペクトラムとも呼ばれる。対人関係に障害があるのと、興味や活動が限定される特徴がある。

トリセツのヒント 対人関係のトラブル解決には、行動療法などがヒントになる。

年齢的遅れはないが興味が限定

アスペルガー症候群は男児に多いと言われ、知能は平均以上だが、コミュニケーションがうまく取れない特徴がある。いじめの対象になるなど別の困難に陥る場合もあり注意したい。

冗談も通じず、他者と共感しづらいので、友人関係がつくりにくい。周囲から孤立する傾向がある。

特定のものに異常なまでの興味を示すことから、芸術家やアーティストに多いといわれる。才能を活かす環境をつくることが解決につながる。

Chapter 7-21

子どもの心の病気

解説 子どもは大人に比べて精神状態を意識するのが難しい。そのため、異常を行動で表す傾向が強い。行動の背景には社会的な不適応がある。

トリセツのヒント 子どもの心の病気は、自分の意思に反して現れることが多い。認めること、褒めることで罪悪感から解放し、自信をつけさせる。

チックや吃音は大人になると解決するのか？

子どもが心理的ストレスを抱えたとき、他者に暴力を振るうなどの反社会的行動、意欲がなくなるなどの非社会的行動、チックや吃音、遺尿・遺糞などの神経性習癖が現れる。

チック

チックはまばたきやからだのゆすりなど筋肉の収縮で、ストレスにさらされると特に現れる。

吃音

吃音は話すときに、言葉に詰まるような症状。

遺尿・遺糞

遺尿・遺糞は意志にかかわらず排泄してしまうこと。

成長するにつれて治ることが多いが、そうでない場合もある。

不登校

解説 学校に登校していない状態。登校拒否。小学生で2万6000人、中学生で9万7000人(2014年文科省調べ)にのぼるといわれる。

トリセツのヒント 学校へ通えることをゴールとするか、社会に出るまでをゴールとするかで対処法は変わる。その子に合ったペースで考える必要がある。

不登校のタイプ

ひとくちに不登校といってもさまざまなタイプがある。低学年に多い母親から離れられないタイプ、勉強についていけず劣等コンプレックスから不登校になるタイプ、いじめなど人間関係が原因のタイプなど。子どもたちはなかなか自身のことを語らないため、その子の様子から感じ取ることが大切だ。

登校時間を過ぎた時間に起き出し、1日元気に過ごしたり、下校時間までは家に閉じ込もり、学校が終わった時間からは元気に遊びに出かけたりする。

Chapter 7-23

引きこもり

解説 「仕事や学校に行かず、家族以外の人との交流もほとんどせずに6か月以上続けて自宅に引きこもっている状態」と定義される。

トリセツのヒント 大人の引きこもりも社会問題化している。地域や民間の支援施設に相談するなど、第三者の力を借りて対処しよう。

時間がかかるほど悪化するケースも

引きこもりの原因は、いじめ、家族関係、精神疾患などあらゆる要因が絡み合っていることが多い。時間が解決してくれる点もあるが、逆に時間がかかればかかるほど、外出しづらくなったり、学習の遅れで社会に出るタイミングを失うなどリスクもあるため、早めに専門家に相談することが大切だ。

引きこもりの解決には、当事者だけでなく、家族全体での治療（P295参照）が必要な場合が多い。

いじめ

解説 いじめとは、「一定の人間関係のある者から、心理的、物理的な攻撃を受けたことにより、精神的な苦痛を感じているもの」。

トリセツのヒント 欲求不満や葛藤を抱えるため、そのはけ口を誰かに向けるものと、本来持つ情動がコントロールできなくなり、発散させるものとがある。

急増するネットいじめ

テクノロジーの発達で、いじめの方法が変わっている。現在、問題視されているのが「ネットいじめ」。ウェブサイトの掲示板で誹謗中傷を書き込んだり、SNSのコミュニティ上でのいじめなどが急増している。

子どもにいつ携帯電話やスマホを与えるのか。付き合い方やリテラシー教育などを考える必要がある。

Chapter 7-25

家庭内暴力・児童虐待

解説 親から子へ、子から親・兄弟・祖父母などへ暴力行為が行われる家庭内暴力と、育児放棄や監護放棄などの児童虐待について解説する。

トリセツのヒント 母子関係が主原因といわれるが、精神障害のあるケースもあるので、一刻も早く専門機関に相談を。

虐待の連鎖

幼い頃にDV（P233参照）を受けた子どもが親になったとき、同じように暴力をふるってしまうケースがある。このような負の連鎖を断ち切るためにも、「ひとりで子育て」をしないことだ。家族、知人、地域の力を借りながら子育ての不安を軽くすることで、家庭内暴力、児童虐待の問題は軽減できるだろう。

子の家庭内暴力は10歳頃から増え、16、7歳頃にピークを迎える。親からの過剰な期待に応えられずかんしゃくを起こすこともあり、接し方の見直しが必要だ。

身体的虐待、性的虐待、心理的虐待だけでなく、ネグレクトと呼ばれる育児放棄、育児怠慢、監護放棄も問題になっている。周囲の見守りが欠かせない。

Chapter 7-26

いろいろな心理療法

解説 専門的な訓練を積んだセラピストやカウンセラーが、患者（クライエント）の心の病の改善や人格の変容を後押しする。大きくは精神分析的心理療法、来談者中心療法、認知行動療法の3種の流れがある。

トリセツのヒント どれもすべてに共通するのは、心の問題を解決すること。

精神分析的心理療法

フロイトが提唱した精神分析理論に基づく心理療法。心の問題を解決するために無意識に目を向け、自我、エス、超自我の関係をとらえることで、クライエントの症状改善をめざす。

カウンセラーはクライエントと目を合わさず座り、一定の距離を保って質問していく。社会不適応の理由について、理解を深めていく。

来談者中心療法

心理学者ロジャーズ（P306参照）が創始したのが来談者中心療法。カウンセラーが治療を主導するのでなく、クライエント（来談者）が中心になってカウンセリングしていく。クライエントの潜在能力を引き出す。話を無条件に肯定しながら、治療を行う。

傾聴、共感、信頼が来談者中心療法では重要視される。言語能力や社会経験の少ない子どもなどでは応用が難しい側面もある。

認知行動療法

医学者で精神科医のベックが提唱。認知の歪みを修正するのと、実際の行動を変えていくことを主眼に置いた行動療法を合わせて解決を図る。クライエントの話を無条件には肯定せず、考えを変えていく。

クライエントとの相性がよければ、短期間で効果を上げることができる、能動的な療法といわれている。

......Knowledge

心理療法には数多くの種類があり、カウンセラーの数だけ手法があるといってもいい。セカンドオピニオンを得ながら、それぞれにあった手法を組み合わせ、統合的アプローチ（P299参照）を検討しよう。

Chapter 7-27

精神分析的心理療法

解説 自我、エス、超自我のバランスが崩れたとき、人は心を病むと考え、人間の無意識にアプローチし、解決を図る心理療法。抑圧された欲求や葛藤を解放させる。フロイトが考案した。

トリセツのヒント 心理療法のうち、もっとも歴史のある心理療法といえる。

自我、エス、超自我の関係を整える

フロイトいわく、自我は自己を現実に適応させる調整役。エスは快感追求型の人間に備わった動物的本能。超自我は倫理観や良心あふれる、道徳的存在。そのせめぎ合いのなかで人はバランスを崩し、心の病になるという。エスまたは超自我からの圧力から、もっとも自分らしい自我を得ていく過程を、心理療法で行う。

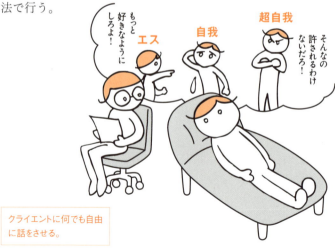

クライエントに何でも自由に話をさせる。

転移が解決の糸口になる

　精神分析的心理療法を行う過程で、クライエントがカウンセラーに対し、「ある人」と同じ特定の感情を向けることがある。これを転移という。たとえば、カウンセラーに対して自分をかわいがってくれた父親像を投影する場合、これを陽性転移といい、逆に不愉快に思っていた父親像を投影した場合、陰性転移という。これが大きなヒントとなり、心の病の解決の糸口になる。

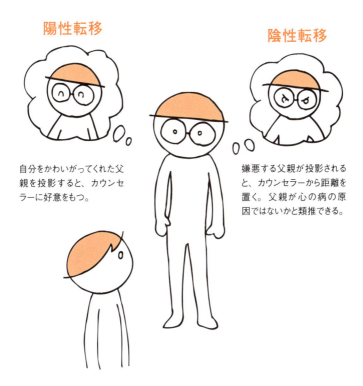

陽性転移
自分をかわいがってくれた父親を投影すると、カウンセラーに好意をもつ。

陰性転移
嫌悪する父親が投影されると、カウンセラーから距離を置く。父親が心の病の原因ではないかと類推できる。

••••• Knowledge

無意識下にあるものを意識化するために自由に話をさせる。この手法を「自由連想法」という。

来談者中心療法

解説 心理学者ロジャーズが提唱した心理療法。心の問題を解決できるのはクライエントだけという考えのもと、理想の自己と現実の自己との一致をめざす療法。キーワードは「ラポール(信頼関係)」。

トリセツのヒント カウンセラーは、クライエントのありのままの自己を導き出す。その気づきにより心の病は克服できる。

自己不一致が、不適応を起こしてしまう

人は誰しも「こうありたい」という理想の自分を持っている。しかし現実とのギャップはどうしても生じてしまうもの。そのギャップが心のバランスを崩す原因になると考える。「もっと私は認められるはずなのに。何をやっているんだ……」と、今の自分を受け入れられないとき、不適応が起きてしまう。

理想の自分 / 現実の自分

たとえば、理想の自己が「芥川賞を受賞した作家」で、現実の自分は「まだ芽の出ない作家」だとする。このギャップが心の問題の原因になりかねない。

ラポール（信頼関係）を築くには

来談者中心療法ではカウンセリングを行い、クライエントの話を傾聴する。クライエント自身の自己治癒力を引き出すには、「無条件の肯定的配慮」「共感的理解」「自己一致」が欠かせず、これによりラポール（信頼関係）が構築できれば、治療はうまくいく。

無条件の肯定的配慮

クライエントをひとりの人間として尊重。ギャップも価値観もすべて受け入れる。

ここでは何を話しても大丈夫ですよ

共感的理解

クライエントの体験をわがことのように感じ、理解する。同情ではなく共感。

怒りたかったんですね

自己一致

カウンセラーとしての立場、考えを明確にし、裏表のない態度で臨む。

私は今イライラしているのですが、あなたはどうですか？

Chapter 7-29

認知行動療法

解説 認知行動療法はベックらが開発した認知療法と、スキナーらが開発した行動療法とが融合してできた療法。認知の歪みやその人の思考のくせを直し、行動も変化させる。

トリセツのヒント さまざまな治療プログラムが開発されており、クライエントの症状に合わせた治療ができる。

相手を否定し、変える能動的療法

なにか失敗したときなど、「もうだめだ。終わりだ」と悲観的になったことはないだろうか？ 果たしてそれは本当にこの世の終わりとまでいえることなのか？ 認知行動療法では、他の療法では基本とされる肯定的傾聴と違い、カウンセラーが積極的に意見し、クライエントの認知の歪みを矯正していく。クライエントとの相性が良ければ短期間で効果が出る心理療法である。

「リーダーたるもの失敗は許されない」。そんな考えに凝り固まっている人がいるとしよう。「リーダーも人間。人間なら誰しも失敗する」と考えを変えてあげることが大切。

1. 〜ねばならない
Ex: 成功させなければならない。合格しなければならない。

2. 悲観的
Ex: もうだめだ。この世の終わりだ。

3. 非難、卑下
Ex: 自分はだめ人間だ。生きている価値すらない。

4. 欲求不満低耐性
Ex: もう我慢できない。絶対許せない。

認知の歪みを治す

以上のような固定概念にとらわれてはいないだろうか。認知の歪みが原因で心の病になっている人は考えが凝り固まっているので、丁寧かつ論理的に説明しながら、歪みを正していく。

契約が取れず悩んでいる同僚がいるとしよう。認知行動療法的なアドバイスをしてみてほしい。

Chapter 7-30

カウンセリング

解説 カウンセリングとは相談するという意味。心理療法が心の病を患った人を対象にしている一方、カウンセリングは主に健全な社会生活を送っている人を対象としている。いわゆる「おしゃべり療法」だ。

トリセツのヒント 悩みを抱えたらためらわずにすぐ相談。さまざまな場所でカウンセラーが活躍しているので検索してみてほしい。

とくに病気でなくとも気軽に活用

カウンセリングと聞くと重篤な心の病をもった人が受けるものと勘違いしている人もまだ多い。人間関係や将来の不安、小さな悩みにも応えてくれるのがカウンセラーだ。小さな悩みも放っておくと大きな心の病へとつながる。早めに相談にいこう。

一緒に問題を解決していきましょう

指示を行うコンサルテーションとは違い、カウンセリングではあなたの気持ちや考えに寄り添って一緒になって解決策を探してくれるはずだ。

さまざまな場所でカウンセリングが行われている

医療、教育、福祉、司法、産業など、いまではあらゆるところにカウンセラーが存在している。悩みがある際は、ひとりで抱え込まず、気軽に専門家を頼ることだ。

病院の中での面談
病院内には臨床心理士資格をもつカウンセラーがいる。臨床心理士は心の専門家だ。医師とも連携し、心理療法も行うことができる。

企業での面談
企業には産業カウンセラーが常駐しているところもある。働く人のメンタルヘルスをケアしたり、キャリアへのアドバイスをしてくれる。民間の施設もあるので近くにないようなら探してみてほしい。

学校での面談
学校にはスクールカウンセラーや教育カウンセラーがいる。不登校やいじめ、進路選択などの問題解決を行う場合、相談してみてほしい。

他にも精神保健福祉士や音楽療法士、行動療法士などの資格をもつ心の専門家があらゆる場所で活躍している。

.... Knowledge

人に愚痴をこぼすとスッキリする。これを心理学用語でカタルシス(浄化)という。カウンセリングの目的はまさにこれである。

Chapter 7-31

自律訓練法

解説 催眠療法のひとつで、訓練による自己暗示で心身の緊張をほぐし、リラックスさせ、心身をコントロールする手法。

トリセツのヒント 誰でも行うことができるので、自宅でリラックスしたいときにも試してほしい。心筋梗塞や呼吸器に重い疾患を持つ人は適さないのでご注意。

心身の緊張をほぐし、症状を改善させる

催眠状態にあると心身の治癒効果があるとされ、ドイツの精神医学者ヨハネス・シュルツが考案。自立訓練法には右のように「公式」となっている文章があり、それを唱えながら行う。

標準的な方法は、まずソファーや椅子に座ったり、横になったりして、ベルトや時計などを外しリラックス状態をつくる(慣れてくると落ち着ける場所であれば、立ったままでもできるようになる)。そして、「私は今、気持ちがとても落ち着いている」と心の中で繰り返し唱える。

6個の公式

決められた言葉を心の中で唱えながら、ひとつずつ段階を追って、公式を進めていく。練習するほど心身がコントロールできていく。

**第1公式
（重感練習）**

「右腕が重い」と心の中で唱えて、右腕の重さを感じる。同じく左腕、両足と続ける。

**第2公式
（温感練習）**

「右腕が温かい」と心の中で唱えて、右腕の温かさを感じる。同じく左腕、両足と続ける。

**第3公式
（心臓練習）**

「心臓が静かに規則正しく打っている」と心の中で唱え、感じる。

**第4公式
（呼吸練習）**

「呼吸が楽になっている」と心の中で唱え、感じる。

**第5公式
（腹部温感練習）**

「お腹が温かい」と心の中で唱え、感じる。

**第6公式
（額涼感練習）**

「額が涼しい」と心の中で唱え、感じる。

最後に手足を伸ばして、大きく深呼吸してから目を開ける。自律訓練法では副交感神経が優位になり、心身の緊張がほぐれる。長く続けることで神経症や心身症の改善に期待ができる。

イメージ療法

解説 恐怖や緊張などを引き起こす場面での自身の望ましい行動や気持ちをイメージし、それを頭の中で繰り返すことで、恐怖や緊張を和らげる療法。

トリセツのヒント 心の病の克服だけでなく、プレゼンテーションなどで緊張する人はその対策のためにも活用してほしい。

イメージで治癒力も高まる

スポーツでいうイメージトレーニングのように、実際のリハーサルができないときなど、その場面を想定して、成功のイメージを植えつける。不安や緊張を和らげてくれるはずだ。また、健全なイメージは治癒力も高めるとし、イメージ療法を発展させた「白血球ががん細胞を殺していることをイメージする」サイモントン療法というものもある。

場面や流れをシミュレーションし、成功のイメージを植えつける。

Chapter 7-33

家族療法

解説 問題を起こしている当事者だけに原因があるのではなく、家族システム自体が病んでいるとし、家族全体を治療する療法。

トリセツのヒント 家族の誰かひとりの不調は他に伝播する。引きこもりや家庭内暴力の解決に役立つ考え方、療法となる。

家族の中にカウンセラーが介入し、問題解決をはかる

たとえば、引きこもりに悩んでいる家族がいるとする。その際、問題を起こしている子どもだけでなく、母親、父親、また周囲の人間とも面談し、問題の本質を見つける。両親の不仲、親からの過度の期待または無関心、兄弟関係を掘り下げていく。

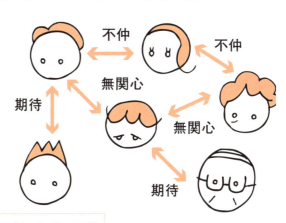

家族の誰かに迷惑をかけ、そしてかけられることで関係が成り立ってしまっている家族もあり、これを家族依存症という。

芸術療法

解説 絵画、音楽、陶芸などを活用し、心を癒す手法。

トリセツのヒント カウンセリングなどの対人での療法と合わせて、自身の内面に目を向ける療法として並行して行うといい。

表現がカタルシス（浄化）効果を生む

感情を表に出すことはカタルシス（浄化）効果があり、芸術が心を癒してくれることが知られている。治療の過程で絵を描くことも多く、とても有効な治療法だ。ユングも心理的に不安になったときに、自分の内面を見つめ、それを絵にしていたという。絵だけに限らず、表現することであればさまざまな手法がある。

言葉では伝えられない感情がはき出されるから効果がある。

精神科薬物療法

解説 心の病の治療のため、薬物を投与する療法。

トリセツのヒント 心理療法との組み合わせで、より効果的な治療をめざす。医師とカウンセラー双方の協力を得よう。

症状に合った薬の種類を知る

精神科薬物療法で扱われる「向精神薬」にはさまざまな種類がある。医師と相談しながら使用し、症状を和らげる。と同時に心理的・環境的な問題の解決を行い、根本的な治療・改善を行うようにする。

向精神病薬
妄想・幻覚の除去
（統合失調症、うつ病）

抗うつ薬
抑うつ気分の改善
（うつ病など）

抗不安薬
不安感、緊張の除去
（神経症、心身症）

睡眠薬
睡眠の誘発・持続
（うつ病、不眠など）

気分安定薬
躁状態の沈静
（躁うつ病、心身症など）

精神刺激薬
精神機能や活動性の向上
（過眠症、ADHD）

Chapter 7-36

催眠療法

解説 催眠療法はドイツの医師メスメル（P307参照）に端を発し、フロイトにも大きな影響を与えた心理療法だ。催眠中の言動を治療に活かす。

トリセツのヒント 催眠療法はヒプノセラピーとも呼ばれている。潜在意識にあるトラウマや心の中のひっかかりなどにアプローチすることで、心の深いところにある不適応に気づき、調整できる。

リラックス状態のなかで、潜在意識に目を向ける

　催眠療法は、催眠術とは違う。意識がありながらリラックスした状態になり、ある一定の感覚に集中できるような体験から、自身の幼児体験や抑圧している自分の潜在意識にアプローチする。決してオカルトではない、心理療法のひとつとして認められている。

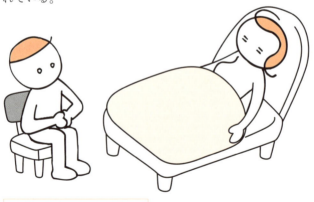

まどろむ中で自身の抑圧したものが浮かび上がってくる。

Chapter 7-37

統合的アプローチ

解説 精神分析や認知行動療法……などの心理的療法と、医学的な薬物療法の組み合わせから、心の病や不適応に対応するという考え。

トリセツのヒント 十人十色の心の問題なだけに、その対応先も十人十色。これまでに紹介してきた療法のいい点、向いてない点を知り、対処する際の参考にしてもらいたい。

症状や個性に合った組み合わせを

比較的軽い抑うつ状態ならカウンセリングや日常でできる心理療法的な解決方法で心は軽くなるはずだ。しかし、脳機能の問題などに由来する統合失調症やその他の障害は薬物療法と心理療法の組み合わせが必須。知識を得て選択肢を増やそう。

ひとつの療法で行き詰まっても、他の方法を模索する。そのためにはセカンドオピニオンが欠かせない。

Chapter 7-38

集団心理療法

解説 心の病や障害を持った人たちが数名のグループになって心理的療法を受ける方法。各種依存症の治療として用いられることが多い。

トリセツのヒント 同じ悩みを持つ者が集まるため、治療に臨む際の心の安定などの相乗効果が期待できる。医療機関や民間団体で行われている。

自分だけが悩んでいるのではない

同じ悩みを持つ者が集まり、思いや解決策を共有することで相互にいい作用を及ぼせるのが集団心理療法の特徴である。自身の苦しみを皆に伝える自己開示で「カタルシス効果」も期待できる。現在ではさまざまな自助団体が、依存症などの課題を抱える方々を支援しているので、探してみてほしい。

孤立することでいいことはない。周囲との関係性が、快方へ向かうために重要なことである。

仕事のストレスでアルコールに頼ってしまいまして……

うんうん、わかる……

森田療法

解説 日本の医学者森田正馬（まさたけ）（P305参照）が考案した神経症に対する心理療法。いまでは広く心の病に対して活用されている。

トリセツのヒント 入院療法と外来療法のふたつがある。日本独自の療法には独自の哲学である「あるがまま」という考えが底流にある。

キーワードは「あるがまま」

森田療法の特徴は、「あるがままを受け入れ、あるがままでよい」と自分を肯定すること。「悩む理由や原因はさておき、ただ生き、働き、動くことが大切」と気づきを得る治療法だ。

1、絶対臥褥期
終日個室に横になったまま過ごす。当初、不安に襲われるが乗り越えた先に活動欲が芽生える。これが治療へのエネルギーになる。

2、軽作業期
外に出て外界に触れる。ここで日記を書くなどしたり、面談をしたりと心の葛藤を表に出していく。

3、重作業期
園芸や料理など、活動を活発化させる。作業を通じて達成感を得ていく時期。

4、社会生活への復帰
外泊などを行い、社会復帰の準備をする。

内観療法

解説 浄土真宗の僧侶・吉本伊信(P305参照)が始めた内観法を医療や臨床心理に応用した療法。自分を見つめ直すことを治療につなげる。

トリセツのヒント 「振り返る」ことで心の安定を得ることができる。心の病に悩む人だけでなく、日常的に内観療法的手法を取り入れると、心を整えることができる。

集中した振り返りで他者や自分への理解を深める

内観療法では、両親や兄弟、身近な人に対して、「お世話になったこと」「して返したこと」「迷惑をかけたこと」を集中して振り返ることで、他者への理解や信頼、自分への理解が深まり、心の不適応を適応状態に戻せるという。病院等で1週間籠って行う「集中内観」と日常生活の中でひとりで行う「日常内観」とがある。

屏風などで仕切り、外界からの刺激を遮断。朝6時から夜9時まで振り返りを行う。

日常的に内観できるようになるため、まずは集中内観でやり方を身につける。

回想法

解説 アメリカの精神科医ロバート・バトラーが提唱した。認知症の予防、対策として期待されている。

トリセツのヒント 過去を語ることは認知機能の改善につながる。自身では積極的に思い出を振り返り、他者の昔話には耳を傾けよう。

思い出し、話すことが認知症対策になる

回想療法の良い点は、家庭でも行いやすい点。本人の子どものときの思い出を、写真を見ながら話したり、当時の映画を一緒に観るなどしてみよう。思い出すこと、話すことで自分の人生の価値を再発見するのが重要だ。そのことが認知症対策、うつ病対策につながるという。実際、回想の効果は、国立長寿医療研究センターでも検証され、認知機能が改善したという結果が出ている。

> 記憶の項目にもあったが、年齢を重ねて衰えるのは短期記憶。長期記憶は脳に長く定着したままなのだ。

人物紹介

認知の歪みを修正して症状を改善

アーロン・T・ベック
Aaron Temkin Beck
1921 –

アメリカの精神科医。認知行動療法の理論的基礎を築いた。うつ病の認知療法の創始者として知られ、その理論はうつ病治療において広く使われている。また、うつ病治療に関してベックうつ病尺度（BDI）、ベック絶望感尺度（BHS）、ベック不安感度（BAI）といった評価尺度をつくった。

受取り方を変えれば心理的反応も変わる

アルバート・エリス
Albert Ellis
1913 – 2007

アメリカの臨床心理学者。ベックが創始した認知療法と共に、認知行動療法と呼ばれる認知に焦点をあてた治療法の基礎を築いた。論理療法（現在は理性感情行動療法）の創始者として知られる。

日本独自の心理療法を創始

森田正馬
Morita Masatake
1874 - 1938

日本の精神科医。それまでは神経衰弱と言いならわされてきた神経症を「神経質」と呼び変えて気質の問題であるとし、神経質に対する精神療法のひとつである森田療法を創始した。病（神経質）＝素質（ヒポコンドリー性基調）×機会×病因（精神交互作用）と考えた。

身調べから内観へ

吉本伊信
Yoshimoto Ishin
1916 - 1988

実業家出身の浄土真宗木辺派の僧侶。浄土真宗系の信仰集団、諦観庵（たいかんあん）に伝わる「身調べ」を万人向けにした内観療法（内観）の創始者。また教誨師としても活動し、内観療法は有力な更生手法として全国の矯正施設に広まった。

カール・ロジャーズ
Carl Ransom Rogers
1902 – 1987

カウンセラー中心からクライエント中心へ

アメリカの臨床心理学者。カウンセリングの手法として一般的になった「来談者中心療法」の創始者。当初は非指示的療法と呼ばれていたが来談者中心療法へと改称され、クライエント（患者）中心の方針に合わせ、よりカウンセラーの態度条件を重視するものとなった。

マーティン・セリグマン
Martin Seligman
1942 –

ポジティブさが幸せのカギである

アメリカの心理学者。オペラント条件づけによる動物の実験によって、学習性無力感を提唱した。その後、幸福のカギとしてポジティブさに目を向けるようになりポジティブ心理学を創設した。

リチャード・ラザルス

Richard Lazarus

1922 – 2002

環境を変化させながらストレスに対処する

アメリカの心理学者。心理学的ストレスに注目し人間と環境との相互作用説からストレス理論を提唱した。感情の認知媒介理論で名高く、特にストレス・コーピング（ストレス対処）の研究で知られている。著書に『ストレスの心理学―認知的評価と対処の研究』などがある。

フランツ・アントン・メスメル

Franz Anton Mesmer

1734 - 1815

催眠術の語源にもなった男

ドイツの医師。ニュートン力学に影響を受け、人体にも潮の干満があると考え、それを動物磁気と名づけた。動物磁気説はメスメリズムとも呼ばれ、メスメルの名前は英語の催眠術をかけるという語（mesmerize）の語源ともなった。

参考文献

『面白いほどよくわかる心理学』保坂隆・監修（日本文芸社）

『面白いほどよくわかる心理学のすべて』浜村良久・監修（日本文芸社）

『面白いほどよくわかる！ 他人の心理学』渋谷昌三・著（西東社）

『ゲーム理論の思考法』川西諭・著（KADOKAWA/中経出版）

『「心」の専門家になる！ 臨床心理学のはなし』山本和郎・著（ナツメ社）

『サブリミナル・マインド』下條信輔・著（中央公論社）

『自分がわかる心理テスト』芦原睦・著／桂戴作・監修（講談社）

『心理学辞典』中島義明他・編（有斐閣）

『心理学辞典』下山晴彦他・編（誠信書房）

『図解 ヒトのココロがわかるフロイトの話』山竹伸二・監修（日本文芸社）

『図解 臨床心理学』稲富正治・著（日本文芸社）

『疲れない脳をつくる生活習慣』石川善樹・著（プレジデント社）

『脳が認める勉強法』ベネディクト・キャリー・著／花塚恵・訳（ダイヤモンド社）

『母子画の臨床応用』ジャクリーン・ジレスピー・著／松下恵美子、石川元・訳（金剛出版）

『ヒルガードの心理学 第14版』エドワード・E・スミス他・著／内田一成・監訳（ブレーン出版）

『プロが教える心理学のすべてがわかる本』大井晴策・監修（ナツメ社）

『べてるの家の「非」援助論』浦河べてるの家・著（医学書院）

『マンガでやさしくわかる心理学』横田正夫・著（日本能率協会マネジメントセンター）

『目撃証言』エリザベス・ロフタス他・著／厳島行雄・訳（岩波書店）

『交通心理学が教える事故を起こさない20の方法』長塚康弘・著（新潟日報事業社）

『戦争における「人殺し」の心理学』デーヴ・グロスマン・著／安原和見・訳（ちくま文庫）

あとがき

横田正夫

　本書はマンガが多く使用され、理解を深めるように使われている。
　従来のマニュアルは、文字や図解で説明を補足しているが、理解を深めるようにマンガやイラストが使用されるということは目新しい。そもそもマンガやイラストは学問世界にそぐわないと考える向きもあろう。しかし考えてみてほしい。
　現在、社会で、マンガ文化に触れていない人がいるであろうか。ほとんどの現役世代は、マンガを読んで育ってきているのが現代と言えるのではなかろうか。60代以降の世代は、活字文化の中で育っているかもしれないが、それより若い世代は、マンガ文化に染まってきている。今もマンガ文化は世界に発信され、マンガによらないと本を手に取ってもらえないという状況も起こってきている。
　こうした現況を踏まえるならば、マンガを媒体にした心理学書が出ても良い。活字であれば近寄りがたい事象も、マンガであれば一瞬でわかる、ということはあろう。そうしたマンガの利点を十分に発揮して本書は成り立っている。
　もともと心理学は近寄り難いものではなく、近寄りやすいものであるし、仮にそうした近寄りがたいといった障壁があるとしても、それを少しでもなくす役割が果たせているのならば、本書の意義は達成されたといえよう。
　そして「心理学はおもしろい」と思ってもらえるならば、大変ありがたい。

　心理学のカバーする領域は非常に広い。
　本書の特徴は、社会に適応する、ということを視野に収めながら、子どもの成長、母子の関係、会社への適応、学校への適応などを扱ってきているので、それぞれの抱えている成長課題に合わせた読み方

ができるし、社会への適応が難しいと感じている人にとっても、その困難さの理解と、それから脱する手掛かりが得られるように全体を構成しているということである。

　こうした構成をとることで、次の成長過程の課題を予測し、その準備を行うこともできるし、指導的立場にあれば、導くべき者たちがどのような課題を抱えている世代なのかを知り、その後の発達を促す役にも立つ。

　いろいろな活用が可能なように構成しているので、『教養のトリセツ　心理学』を心の取扱い説明書として大いに活用してほしい。

索引

A-Z

ADHD
（注意欠如・多動性障害） ………… 271
DMS-5 …………………… 164,259,263
DV
（ドメスティック・バイオレンス） ……… 233
EQ ………………………………… 121
IQ ………………………………… 119
LD（学習障害） ………………… 272
LGBT …………………………… 62,275
PM理論 …………………………… 194
PTSD
（心的外傷後ストレス障害） …… 53,88,270
X理論 ……………………………… 210,211
Y理論 ……………………………… 210,211
Z理論 ……………………………… 211

あ行

愛着 ……………………………… 236
アイデンティティ ………… 130〜134
アスペルガー症候群 …………… 276
アドラー ……………… 126,234,243
アフェクションレス・
　キャラクター ………………… 236
アフォーダンス理論 ………… 41,95
アリストテレス ………… 20,70,78
アルゴリズム ……………… 178,179

アルバート坊やの実験 ………… 26
アレキシサイミア ……………… 261
アンカリング効果 ……………… 65
アンチクライマックス法 …… 198,199
意識 ……………………………… 24
いじめ …………………………… 280
異常心理学 ……………………… 68
異常性格者 ……………………… 164
遺尿 ……………………………… 277
遺糞 ……………………………… 277
意味記憶 ………………………… 170
イメージ療法 …………………… 294
医療心理学 ……………………… 61
ヴィゴツキー …………………… 215
ウェクスラー ……………… 117,141
ウェクスラー式知能検査 ‥ 116〜118
うつ病 ……………………… 266,267
ヴント ……………………… 22,23,73
エス …………………… 24,282,284
エディプスコンプレックス ……… 123
エピソード記憶 ………………… 170
エビングハウス ……………… 42,92,99
エビングハウスの錯視 ………… 92
エビングハウスの忘却曲線 ……… 42
エリクソン ‥‥36,37,130,131,234,242
エリス …………………………… 304
エレベーターピッチ …………… 199

応用心理学	18,19
オールドワイズマン	25
オナリコンプレックス	124
オペラント条件づけ	185
オルポート	105,110

か行

回想法	136,303
外発的動機づけ	186
カインコンプレックス	123
カウンセリング	290,291
化学的ストレッサー	250
学習心理学	29
カクテルパーティー効果	94
過食症	274
家族心理学	54
家族療法	295
カタルシス	291,296,300
カチッサー効果	198
学校心理学	50
家庭内暴力	281
カメリアコンプレックス	125
感覚	76〜85,94
感覚記憶	169
感覚心理学	40
環境心理学	46
感情	38,102,103
感情心理学	38
カント	21,71
記憶	168〜177

記憶法	176
気質	106,107
基礎心理学	18,19
吃音	277
機能局在論	87
ギブソン	41,95,213,214
記銘	168
キャッテル	105,110
キャノン・バード説	103
キャラクター	104
嗅覚	83
キューブラー=ロス	136,139
教育心理学	47
兄弟	156
強迫神経症	259
恐怖症	258,268
虚記憶	172
拒食症	274
近接性の効果	220
空間心理学	66
クライマックス法	198,199
クライン	241
グリーフケア	136,137
グレートマザー	25
クレッチマー	105,106,138
クレペリン	138
軍事心理学	67
経済心理学	64
芸術心理学	59
芸術療法	296

計量心理学	42	錯誤行為	146
ゲシュタルト心理学	23	錯視	90～93
血液型	154,155	サクセスフル・エイジング	135
結婚	234	サザエさん症候群	163
欠乏動機	191	サリヴァン	139
限局性恐怖症	268	産業心理学	48
元型	25	シェーグレン症候群	163
健康心理学	55	ジェームズ・ランゲ説	103
言語心理学	39	シェルドン	105,106
顕在記憶	171	自我	24,282,284
顕示欲求	151	視覚	80
好意の返報性	221	自己開示	231
高所恐怖症	268	自己顕示欲	152
交通心理学	57	自己臭恐怖	269
行動主義心理学	26	自己成就予言	193
合理化	257	自己心理学	60
コーピング	252	シスターコンプレックス	123
コールバーグ	238,239,243	自伝的記憶	173
心の病気	258,259	児童虐待	281
古典的条件づけ	184	死の受容	136
コフート	60,99	支配欲求	150
コフカ	214	自閉性障害	273
コミュニティ心理学	51	社会恐怖	269
コンプレックス	122～127	社会心理学	32
		社会的動機づけ	188

さ行

ザイアンスの法則	205	社会的欲求	150
災害心理学	53	シャドウ	25
催眠療法	298	宗教心理学	58
サヴァン症候群	163	囚人のジレンマ	31
		集団心理	63

集団心理療法	300
集団の圧力	207
出産	235
シュナイダー	164,214,262
昇華	257
障害者心理学	45
症候群	162,163
正太郎コンプレックス	125
情動	38,102
承認欲求	151
触覚	82
ジョハリの窓	128,129
白雪姫コンプレックス	124
自律訓練法	292
人格	104
人格心理学	34
心気症	259
シンクロニー	224
神経衰弱	258
心身症	261
深層心理	148,200
シンデレラコンプレックス	124
心理療法	282
親和欲求	151
数理心理学	30
スキーマ	77
スキナー	185,212,288
ステレオタイプ	154,155
ストーカー	232
ストックホルム症候群	163
ストレス	250,251
ストレス・マネジメント	252
ストレッサー	250
ストレッサーランキング	251
スポーツ心理学	56
斉一性の原理	63
性格	104〜106
性格テスト	112
性機能障害	275
政治心理学	63
精神科薬物療法	297
精神的ストレッサー	250
精神病質	164
精神分析	24
精神分析的心理療法	282,284
性心理学	62
生態心理学	41
成長動機	191
性同一性障害	275
生物的ストレッサー	250
生理心理学	28
赤面恐怖	269
世代性の発達	135
摂食障害	274
セリグマン	306
前意識	24
潜在記憶	171
想起	168
双極性障害	259,266,267
ソーンダイク	178,204,212

ソシオグラム ……………………… 210

た行

ダイアナコンプレックス ………… 125
代償 ………………………………… 255
対人恐怖 …………………………… 269
大脳皮質 ………………………… 86,87
タイプA ……………………… 114,115
タイプB ……………………… 114,115
達成欲求 …………………………… 151
ダブルバインド ……………… 236,237
単一恐怖 …………………………… 268
短期記憶 …………………………… 169
知覚 …………………………… 76,77,79
知覚心理学 ………………………… 33
知性化 ……………………………… 153
チック ……………………………… 277
知能検査 …………………… 116 〜 119
中枢神経 …………………………… 85
中年期クライシス ……………… 132,133
聴覚 ………………………………… 81
長期記憶 ……………………… 169,170
超自我 ………………………… 24,282,284
ツァイガルニク効果 ……………… 65
ツェルナーの錯視 ………………… 91
吊り橋効果 ………………………… 229
ディスレクシア …………………… 39
デカルト ………………………… 21,71
手続き記憶 ………………………… 170
転移 ………………………………… 285

展望記憶 …………………………… 174
ドア・イン・ザ・
　フェイス・テクニック ………… 182
同一化 ……………………………… 254
統合失調症 ……………………… 259,264
統合的アプローチ ………………… 299
同調 ……………………………… 207,224
逃避 ………………………………… 256
特性論 …………………… 105,110,111
トリックスター …………………… 25

な行

内観療法 …………………………… 302
内発的動機づけ …………………… 187
難読症 ……………………………… 39
二次元コンプレックス …………… 125
人間性心理学 ……………………… 27
認知行動療法 ……………… 282,283,288
認知心理学 ………………………… 35
認知の歪み ………………………… 246

は行

ハーズバーグ ……………………… 190,215
ハーズバーグの動機づけ ………… 190
パーソナリティ …………………… 104
パーソナリティ障害 ……………… 262,263
パーソナルスペース ……………… 222
バーナム効果 ……………………… 225
ハーロウ …………………………… 242
バーンアウト症候群 ……………… 162

項目	ページ
ハインリッヒの法則	203
バウムテスト	113
発達心理学	36
パブリック・コミットメント	196
パブロフ	29, 98, 184
ハロー効果	204
バンデューラ	192, 213
バンデューラの実験	192
反動形成	255
犯罪心理学	49
ピアジェ	238, 239, 240
ピーターパン症候群	162
引きこもり	279
ピグマリオン効果	193
非言語的コミュニケーション	144
ヒステリー	258
ビッグファイブ理論	111
ビネー	116, 117, 141
ビネー式知能検査	116, 117
ヒューリスティック	178, 179
広場恐怖	269
ファザーコンプレックス	123
不安障害	260
不安神経症	258
フィーリンググッド効果	228
フォン・レストルフ効果	65
服従欲求	150
フット・イン・ザ・ドア・テクニック	181
物理的ストレッサー	250
不登校	278
普遍的無意識	25
ブラザーコンプレックス	123
プラトン	20, 70
フレーザーの図形の錯視	93
フレーミング効果	65
フロイト(アンナ)	241
フロイト(ジグムント)	24, 25, 36, 37, 96, 158, 160, 161, 241, 253, 282, 284, 298
プロスペクト理論	64
フロム	140
文化心理学	44
閉所恐怖症	268
ヘーゲル	21, 72
ベーコン	21, 72
ベック	246, 288, 304
ヘルマンの格子錯視	92
片面提示	180
防衛機制	253〜256
傍観者効果	208
法心理学	52
ボウルビィ	237, 240
ホーソン効果	197
ホーナイ	140
保持	168
ポッゲンドルフの錯視	91
ボッサードの法則	226

ま行

項目	ページ
マザーコンプレックス	122

マスキング	94
マズロー	27,97,191
マズローの欲求5段階説	27
末梢神経	85
味覚	84
ミュラー・リヤーの錯視	90
ミュンスターバーグの錯視	93
無意識	24,25,158
メスメル	298,307
モデリング	192
モラトリアム	131
森田正馬	301,305
森田療法	301

や行

矢田部ギルフォード性格検査	112
優越感	126,127
夢	158～161
夢分析	158,160
ユング	25,96,105,108,132,133,160,161
抑うつ神経症	259
吉本伊信	302,305

ら行

来談者中心療法	282,286
ラザルス	307
ラポール（信頼関係）	286,287
ランチョンテクニック	230
離人症	259
リスキーシフト	209
リビドー	108
両面提示	180
リンゲルマン効果	206
臨床心理学	43
類型論	105～108,110
ルビン	98
劣等感	122,126,127
ロー・ボール・テクニック	183
ロールシャッハテスト	113
ロジャーズ	283,286,306
ロック	21,73
ロリータコンプレックス	124

わ行

ワトソン	26,97
割れ窓理論	46,202

[監修者略歴]
横田正夫 (よこた　まさお)

日本大学文理学部心理学科教授。1954年生まれ。日本大学芸術学部映画学科を経て、日本大学大学院文学研究科に進学。映像理解のメカニズムの認知心理学的研究を行う。
その後、臨床に転じ、群馬大学医学部神経精神医学教室に勤務。統合失調症（精神分裂病）の認知障害に関する研究に取り組む。
また、日本アニメーション学会会長を経て理事を務めるなど、アニメーション研究にも精力的に取り組んでいる。

[STAFF]
執筆・デザイン
ISSHIKI

イラスト
前野コトブキ

図版
大塚たかみつ、米山翔子

教養のトリセツ
心理学

2016年10月20日　第一刷発行

監修者
横田正夫（よこたまさお）

発行者
中村 誠

印刷所
誠宏印刷株式会社

製本所
小泉製本株式会社

発行所
株式会社日本文芸社
〒101-8407　東京都千代田区神田神保町1-7
TEL 03-3294-8931［営業］, 03-3294-7760［編集］
URL http://www.nihonbungeisha.co.jp/

©Digical 2016 Printed in Japan
ISBN978-4-537-26144-8
112160927-112160927 Ⓝ 01
編集担当・村松

＊

乱丁・落丁などの不良品がありましたら、小社製作部あてにお送りください。
送料小社負担にておとりかえいたします。
法律で認められた場合を除いて、本書からの複写・転載（電子化を含む）は禁じられています。
また代行業者等の第三者による電子データ化及び電子書籍化は、
いかなる場合にも認められていません。